蓄能松弛

教育素养提升手记

辛 丽 著

中国海洋大学出版社
·青岛·

图书在版编目(CIP)数据

蓄能松弛:教育素养提升手记/辛丽著. -- 青岛:
中国海洋大学出版社,2024.9. -- ISBN 978-7-5670
-4006-9

Ⅰ. G40-03

中国国家版本馆 CIP 数据核字第 2024QS9524 号

出版发行	中国海洋大学出版社
社　　址	青岛市香港东路 23 号　　　邮政编码　266071
出 版 人	刘文菁
网　　址	http://pub.ouc.edu.cn
订购电话	0532－82032573(传真)
责任编辑	董　超
电子邮箱	465407097@qq.com　　　电　　话　0532－85902342
印　　制	北京虎彩文化传播有限公司
版　　次	2024 年 9 月第 1 版
印　　次	2024 年 9 月第 1 次印刷
成品尺寸	170 mm × 230 mm
印　　张	8.75
字　　数	148 千
印　　数	1～1000
定　　价	49.00 元

如出现印装问题,请致电 010-84720900 与印刷厂联系。

曾经,初涉教坛,教育于我是博大到近乎抽象的概念,所幸,当时的惶恐、茫然没有冲散我对教育理想的向往。我的教育理想很简单,就是能够成为学生喜欢的老师。后来又增加了一项,那就是要做有助于每一个学生成长的老师。

三十多年的教学岁月流逝,不知不觉中我的教育风格逐渐显示出了松弛教育的特点,而在这种松弛的状态下竟然实现了这两个教育理想。

其实我对松弛教育从名称到概念原本是一无所知的,直到想给这本书命名并总结自己教学特点的时候,"松弛"两字才出现在我脑海里。记得一个六年级的男孩在做完课间操排队进教室时看到已经站在讲台前的我,他舒心一笑说:"一看到辛老师我就放松下来了。"还有一位家长曾评价:"孩子本学期英语有明显进步,主要原因是课堂教学的吸引。"吸引难道不就是一种自然的、下意识的反应吗?我上网查阅"松弛"这一概念,意外地看到"松弛教育"这个词条。阅读了被称作"最高级别的教育方式"的释义之后,我更加确定了自己的风格与之高度匹配。学生以不同的方式表达出热切期待和享受我给他们带来的松弛教育特色的英语课堂,一节课经常在他们兴致勃勃、畅所欲言、天马行空和意犹未尽中轻松地度过。教学设计从以往热身、导入、新授、练习、拓展五个步骤规划课堂,完成既定任务,到为学生留出越来越多自由探索的时间;从要求达到统一的教学目标,到尊重认可学生的个体差异,对待学生的态度和评价方式发生了根本转变;师生关系由泾渭分明变得和谐相融。各个层次的学生都对我所教的课程显示出持久稳定的兴趣和自信心,家长也更加信任支持、积极配合我的教学。

本书的内容跟松弛教育似乎没有直接关联,倒更像是松弛教育的"前传",以此说明"松弛"不是一蹴而就的,而是在多维度学习、实践、积累、反思、调整和突破过程中逐步形成的,毕竟质变总是发生在量变之后。松弛教育观念下的课堂不受教材和学科限制，既轻松自由又能收放自如，在达成国家课程标准规定的分级目标基础上满足个性化学习要求。这也要求教师了解和运用不同的教育理论和方法，更新和补充大量的学科知识，并拓展掌握其他领域的关联知识。我能达到上述能力要求主要是通过完成各种常态化工作，如理论学习、阅读专著、撰写案例、教研集备、观课评课、课题研究，认真对待教学工作的各个环节，长期坚持打磨每个细节。看似平常的一堂课、一个现象如果能留心思考，每个学生身上的特点、情绪、问题如果能静心研究……数年累月，认识、理念、理论、方法链接起来，就能为形成某种教育风格奠定基础。

除了韧性以外，开拓的勇气也是获得机会必不可少的。在教师队伍群体中，我的工作经历相对比较曲折和多样。我担任过小学语文、数学、英语多门学科的教学，在教导处做过六年的教学管理工作，担任过十五年的教研组长，在政府基层部门从事过两年多的社区教育，去加拿大的幼儿园、小学、初中、高中考察调研，在青岛市南区东四学区的其他学校交流了两年，还赴新疆喀什地区援疆一年。这些工作有的是受上级委任委派，有的是通过业务考试获得的，有的是报名选拔获得的，有偶然性也有必然性，其中主动跳出舒适区的挑战精神是不可或缺的。丰富的阅历、不寻常的体验有助于形成自己独特的风格，毕竟松弛教育不是眼下的主流模式，有一定挑战和突破精神的人才敢于尝试和实施。

眼界打开后可以跳出教育看教育，教育行为不再拘泥于学科教学，而是跨学科地融会贯通，追求身心健康平衡发展的全人教育。教师不做知识传授者，而是做观察者、启发者、促进者，让学生在宽松的环境中与知识碰撞、共鸣。教师只要求学生能遵守基本道德规范和集体秩序即可，不用严苛和琐碎的规定束缚他们活泼、天真的儿童天性。例如，理解他们强烈而急切的表达愿望，忽略举手动作是否规范、坐姿是否标准等末节；侧重逻辑、深度和广度，弱化措辞严谨和标准答案；尊重个体差异性，允许他们在自己感兴趣的领域蓬勃发展，即使这些领域不是教师自己任教的学科，不在考试的范围内，也及时鼓励学生，真心赞赏他们；包容在不擅长的方面即使努力却仍然暂时落后的学生。

科技化和智能化的社会演变要求教师正视和促进学生的个性化发展，这是他们适应社会所需要的宝贵能力,也是松弛教育的作用和意义所在。当教师能赢得学生喜爱、信赖,能助力学生在探究中发掘创造力获得高质量的学习和成长时,那么教师蓄能过程中职业成就感和幸福感也将一路相伴。

辛 丽

2024 年 6 月

第一部分 | **关系联结**

第二部分 | **读书感悟**

第一部分
关系联结

与会犯错的学生一起成长

人非圣贤,孰能无过。心智稚嫩的学生更容易犯错,这一点大家都能接受。问题是,当某个学生一而再、再而三地犯错,而且经常犯同样的错误时,老师该怎样从焦虑、烦躁、愤怒的心境中摆脱出来呢?或许分析学生犯错的原因,把握处置的原则是解决问题的一种途径。

🌱 学生往往想做被禁止做的事

心理学家认为,越被禁止的事情,越想做,这是人的天性。成人如此,孩子也不例外。苏霍姆林斯基曾经禁止过孩子们随心所欲地摘取、偷吃果林里的苹果,结果孩子们又转而进攻半生不熟、非常好吃的西红柿,真是让人无奈。

由此我想起自己也曾严格禁止学生在英语课上随意讲话,后来发现有些说话的学生转而开始偷偷地看课外书或者在英语书上涂鸦了。于是我又开始"围堵"这两个问题,当然学生们在此之后又有了其他花样来应对我的"围堵"……分析起来,学生这一系列的反应其实是他们对所学内容或教学方式不感兴趣引起的,也可能是给他们自主学习、小组合作、实际运用的时间不足等造成的,所以老师遇到类似问题时应该从简单的禁止转变为积极调动学生主动学习的愿望。

🌱 真切的期待对人的触动要比惩罚强烈得多

在我教的四年级的一个班里,有个叫小霖的男孩,他的作业老是完不成,不仅仅是我布置的英语作业,语文和数学作业也不完成。我总是恨铁不成钢地当众指出他每一次的偷懒行为,但批评完的第二天他仍然会出现在没完成作业的统计名单之中。

只有一次是例外。

那是 2013 年元旦假期后的一节课上,我跟全班学生讲了自己在元旦晚上做的一个梦:一天早上收作业,班里只有一半学生交上了作业本,意外的是在这些作业本里竟然有小霖。讲完后我对学生说这只是老师的美梦。

结果第二天小霖就让我的美梦成真了。听惯了各科老师批评的小霖,对各

种形式的批评都已经具备"免疫力",却被我一次真切的期待所打动,认真完成
了作业。

🌱 学校是学生可以犯错的地方

2012年的年末,我参观了一所加拿大的学校,看到任教四年级的年逾五旬
的菲利普老师在教室门上张贴了一张纸,上面写着"在这间教室里你可以犯
错"。在她的班里没有哪个学生会担心因为犯错而受到严厉的批评,因为"可以
犯错"。

十几年来,中国教师都在学习教育专家魏书生的教育理念和方法,这本是
一件可喜的事情,部分小学教师却断章取义。他们很欣赏魏老师让学生写"说
明书"这一招,于是只要发现学生犯错,动辄500字,甚至上千字地要求学生写
出"说明书",想达到让学生一次性记住教训的效果。魏老师教的是中学生而非
小学生,如果生搬硬套地让小学生写出如此长篇大论的"说明书",会给他们造
成沉重的负担,其伤害不次于体罚。控制力和注意力等都处于发展初期的小学
生实在不应该因为一点错误就受到如此的苛责和惩罚。所以从专家那里习得
方法也要具体分析,不能违背立足实际、以人为本的教育原则。

🌱 真正的教育是自我教育

我读过一个令我感动得几近流泪的案例。一位一年级老师在开学几周后
就发现一个叫维佳的孩子有偷东西的苗头。这位老师没有在全班同学面前揭
穿维佳的行为,而是在此后几年的时间里创造适当的机会,使他经常有机会在
诚实、高尚或不诚实、不道德的两难行为中做出选择。老师让他负责从橱窗取
下报纸、保管彩笔等任务。当维佳忍不住又犯错时,老师就不动声色地再给他
安排新任务,让他在犯错后有弥补和自省的机会。老师这样有步骤地培养学生
的道德观念,得到的是维佳良好行为的不断巩固,最终使他转变成有良好道德
品质的好学生。

我也愿意放下对犯错学生一招制胜的快餐式教育方式和冲动,静下心来读
书,潜下心来育人,淡泊名利,去掉浮躁,一切从有利于学生的心灵发展出发,哪
怕拿出几年的时间耐心、用心地影响一个学生也是值得的。

家长第一配角，老师第二配角

如果说孩子的成长是一部电影，老师和家长都不是影片的主角，主角应当是孩子自己，老师和家长扮演的是孩子成长道路上的领路者和同行者的角色。

老师与家长之间的关系是微妙的，虽然两者都承担着育人的职责，但观点、立场和角度不尽一致。在学校里，老师把学生作为一个班级群体中的一员进行教育、指导和评价，老师教育的成败不是体现为某个学生的发展，而是以整个班级作为考量对象；而在家庭中，家长的教育对象是他的孩子，家庭教育的成败通过他的孩子体现，可以说家长对孩子的期望更加迫切。

当老师埋怨家长不支持、不配合，家长抱怨老师对孩子不关心、没耐心时，孩子就会左右观望，不知所从，甚至会对学校或家庭教育产生抵触情绪，这是老师和家长都不希望发生的。

美国中学数学老师凯西·霍斯总结的增进家长与老师沟通的 10 条建议，凝结着这位老师多年的教学经验和智慧，为遇到家校沟通困难的老师提供了解决的方法和出路。这 10 条建议是：及时沟通、保持关心、面对事实、善于倾听、计划现实、控制谈话、记录谈话、领导参与、犯错道歉和结束谈话。下面我着重就其中的三条阐述自己的理解和观点。

🌱 保持关心

凯西·霍斯说："家长想要确定你是在关心其孩子，确定你是在协助孩子而非惩罚他。""保持关心"这一条建议引出了一个关于"惩罚"的问题，学生表现不好，如扰乱秩序、不完成学习任务，要不要受到惩罚呢？答案是肯定的，即使在推崇赏识教育的阶段，我也认为不应该没有惩罚的教育。无论是言语上的、态度上的还是行动上的惩罚都会出现在教育过程中。问题的关键是惩罚的目的一定是为了协助学生纠错和改进。比如，英语课堂上某个学生随便讲话，我在提醒他两次后会把他的名字写在黑板上，并要求他马上写出不少于 20 字的"说明书"，如果有第三次，再增加 20 字，以此类推。这样做的好处是迫使他停止说话，开始写字。另外，如果他说话是有特殊的原因也可以写出来让老师了解,而不需要占用课堂上全班同学的时间进行当场申辩。为什么只有20字这么少呢?目的就是让他尽快写完继续听课。学生会不会因为写的字数少而无所顾忌呢?事实证明,绝大多数学生写完20字后就能安静下来了,因为在英语课上小学生最不喜欢写字,他们更愿意听点什么,做口语游戏或比赛这样的活动。我想这样的惩罚对于学生和家长来说是不会感到过分的,因为惩罚里有善意、有分寸,能产生好的效果。

🌱 面对事实

凯西·霍斯指出:"与家长沟通,需将要沟通的事的要点记好,客观地描述学生的行为表现或你关心的事实,不要模糊地抱怨。"试想凯西·霍斯竟然在跟家长沟通之前在纸上列好要沟通的事的要点,这种认真的行为无异于上课之前的认真备课。以这样慎重的态度对待家长,家长肯定会体会到老师反映和解决孩子问题的诚意和花费的精力。多谈事实,少做推论也很重要。当老师向家长客观、详细地描述学生的表现之后,即使不发表结论性的论断,家长是成年人,也完全可以透过现象自己得出结论。这样的做法更有利于家长冷静地分析问题并主动跟老师商讨解决的方法。比如上面提到的纪律问题,我安排课代表或班干部负责记录整个学期每个学生因纪律问题而被记名的次数,以便我了解整个学期中学生在纪律方面的表现情况。在跟家长反馈学生在学校的表现时我会说出孩子被记名的次数,还会把这个学期被记名的次数跟上个学期进行对比,这样家长就可以更好地了解孩子在纪律方面的表现及是否有所改进。印象比较深的是一个五年级的男孩在两个学期被记名的次数在班级中是最多的,可是我发现第二个学期他被记名的次数已经大大减少了,对这个孩子来说,这就是一个很好的改变。家校沟通的目的不是在于让家长深刻认识问题的严重性,而是要调动各个方面的积极因素让家长坚信孩子的问题有改进的可能。

🌱 计划现实

计划现实是凯西·霍斯提出的第五条建议,这一条跟第四条善于倾听是密不可分的。这就是说要提出可行的计划并使其实现就要了解学生的现实情况,而了解现实情况的重要渠道之一就是善于倾听家长的谈话。记得我刚接手四年级的一个班时,发现班里有个男生小A完全游离在课堂之外,他不听讲,不发言,不动笔,不参与任何课堂活动,而回家要求完成的朗读、背诵的任务也从不完成。于是我跟他的妈妈取得了联系,告诉她孩子在学校的表现。结果他的妈妈向我倾诉了将近一个小时的苦水。她说小 A 有个大好几岁的哥哥,从小学习就不用父母费心,成绩优秀,而小 A 让父母操碎了心也不见长进,一篇很短的英语课文她陪着读了 50 遍还是背不过,她也感到无奈和灰心。我在学校里对小 A 的了解是,已经学了三年英语的他连 26 个字母都不认识几个。他的妈妈也知道这个情况,只是不愿意面对自己的孩子与同龄孩子差距如此之大这个现实。我跟他妈妈说,从小 A 的表现来看他是有字母认读障碍的,不然三年的学习,哪怕上课听讲注意力不够集中,也不会出现字母都不认识的情况。既然他学习困难大,就更不能提出过高的要求,一篇课文重复读 50 遍对四年级的孩子来说是很痛苦的,只会加深他的挫败感。因此,让他读几遍课文对学过的内容有些印象就可以了,不要再用疲劳战术让他对这门学科望而生畏了。我在学校里帮他从认读单词里的字母开始一点一点地补习。一年之后,我对升入五年级的小 A 又提出了"2+1"目标,即一堂课下来要学会 2 个单词和 1 个句子,这对普通学生来说很轻松的任务,对小 A 来说也是要花点力气才能完成的。值得欣慰的是,有时下课我忘记检查他,他也会主动来提醒我检查,这种态度的转变令我感到欣喜。课标的要求小 A 肯定是达不到的,但是只要他没有因为挫败而放弃学习,我又何必拿课标去强求孩子,扼杀孩子积极向上的希望呢?

在主角(孩子)成长的漫长道路上,老师只能陪伴他们一小段的光阴,家长会一直陪伴他们走很长的路。对孩子个体来讲,家长肩负的责任远远超过老师。有了这样的认知,老师就会像凯西·霍斯那样研究家长的心理和需求,体谅家长的彷徨和焦虑,注意与家长沟通的方式和技巧,实现家校互通,家校携手,协助遇到困难的孩子积极面对、勇敢克服,走出有目标、有信心、有希望的人生。

妈妈……哦，不对，老师！

刚送走毕业班的我又接了新的毕业班，作为一名老教师，这本不是什么稀罕事，但这次接的两个毕业班中的六年级二班着实让我找不到以往带班驾轻就熟的感觉了。

在这个班上课让我很烦恼，就拿 10 月 28 日的一节课来说吧，因为不认真上课，小明（学生均为化名）被点名 6 次，小刚被点名 3 次，小亮打扰老实的同位小鑫听课，浩浩回头跟小宁说话……对老师的提醒他们却没有几个虚心接受的，而是一味地"狡辩"、顶撞老师。

经过近两个月的师生互相磨合之后，情况依旧没有太大好转。

在一个极端事件发生后，转机出现了。这一天，逆反心很强的小明在课堂上玩手机游戏，我走过去没收了手机，并要求他写出 100 字的"说明书"。结果小明破口大骂，踢倒了课桌，踹破了班里的簸箕，并扔了英语书。他扔出的书还划破了一个学生的耳朵。看到学生受伤，我立刻安排班干部护送受伤的学生到医务室治疗，并非常生气地送情绪不稳的小明到班主任处。事后我冷静下来，先与受伤学生家长通话，询问了受伤情况。然后又跟小明家长沟通，我没有过多地、反复地列举孩子当天以及平日的种种错误，只是很客气地请家长协助限制孩子带手机到学校。可能是我没有过多"告状"的缘故，第二天小明主动交给我一份"说明书"，脸上的表情略有些愧意，没有了以往的跋扈和漫不经心，在课上也不再捣乱。班上爱捣乱的其他学生看到小明的表现后也收敛了许多，在我的课上也不再像以前那样肆意妄为了。

后来经过进一步了解，我知道小明的家庭背景很特别。父母离异，他跟着父亲，有了新妈妈，之后又有了弟弟，爸爸忙工作，妈妈忙弟弟，虽然物质上没有缺失，但我知道他缺少的是什么。于是除了关心他的学习，我也尽可能在课间闲暇跟他聊一聊生活上的事。渐渐地，在家庭中缺少沟通机会的他越来越亲近我，有事也会主动找我，比如借手机跟爸爸通话。

一天下雨了，离家较远的小明没带伞，他匆匆跑来办公室找我借手机，想让爸爸来接他，一进门他就着急地说："妈妈，我要打电话……哦，不对，老师！"我俩不约而同地相视一笑，这种笑是妈妈和孩子之间才有的温暖、亲近的笑。

教师主导师生关系的优劣

师生关系在教育活动中起到的关键作用是毋庸置疑的,对此我有切身的体会。

在小学阶段,很多地区从三年级才开设英语课程,而且课时也比较少,每周只有 2 节或 3 节,比语文和数学的课时安排少很多。但从英语是中考、高考的必考科目,且分值比较高的现实考虑,英语又被学校、家长、学生特别重视。在解决这个尴尬局面时,建立良好的师生关系是一剂良药。

亲其师,信其道。我的很多学生不是为了应对考试在努力地学习,而是活在当下,学在当下。他们学习英语的兴趣主要来自英语课堂,而我与学生良好融洽的关系就是在一堂堂英语课上逐渐建立起来的。从以下几个细节我知道自己还是比较受学生欢迎的。

🌱 细节一

多年前我在基隆路小学任教,有一天一位体育老师因故不能上课,教导处安排由我来代课,当班主任通知班里学生时,全班雀跃。

🌱 细节二

最近一次我外出参加教研,临时请其他老师代课,五年级一班的小丰反复询问代课老师我能否给他们补上这节课,并确认何时补上后才放心。

🌱 细节三

某个周一我给六年级三班上课时,学生们排着队进教室,经过我身边的小旭同学说:"好久不见。"我很奇怪,问:"有多久?"他说:"两天了。"

老师如何在课堂教学中与学生建立起良好的师生关系呢?我认为,第一,老师应该坚持学习、扩充和更新学科知识储备,成为学生获取养分的不竭源泉;第二,老师要对学生一视同仁,言传身教,严以律己;第三,老师要有幽默感和平易近人的态度,幽默不仅仅体现在跟学生的语言对话上,还体现在对教学环节的设计上,要挖掘教材内容中能激发学生兴趣的思维点,使教学活动在轻松、愉快的氛围中展开,学生们自然会愈加喜欢老师;第四,老师还要有宽容之心,要容忍成长中的学生犯错,有时学生会冒出一些冲撞老师的话,老师应该能冷处理,引导学生发现错误,并改正,针尖对麦芒只能使事态扩大而无助于收获良好的教育效果。

每当身后的学生追着跟我打招呼的时候,我就会更加满怀信心地在构建良好师生关系的道路上坚定地走下去。

不可忽略的班级主体

——中等生

如果说大多数班级都有几位或十几位品学兼优的优等生和个别学困生的话,他们的数量占全体学生的半数左右,而另一类学生——中等生的数量则相当于优等生和学困生数量的总和。

对于优等生的培养和学困生的辅导,老师们总是不遗余力;对于中等生,可能只有为数不多的老师会特别研究他们。

中等生的特点是学习成绩尚可,能自觉遵守纪律,但存在感不强,缺乏与老师单独接触和交流的机会,其思想动态和情绪起伏相对隐蔽、含蓄,他们在疏于关注和引导的情况下也可能会落入学困生行列,从而对教学工作和班级管理造成困难。相反,如果老师能注意调动他们的积极因素,给他们以肯定、赞许并适当地委以班级工作,效果又会怎样呢?

魏书生老师有一个重要的育人观点:老师能做的校长不要去做,学生能做的老师不必去做,一般学生能做的不必交给学生干部去做。我觉得这不只是信任的问题,而是在力求发挥各个层次的人的能力,培养他们的自信心和进取心。

记得我刚接一个新班时,提前已经向班主任了解过该班学生的大致情况。选课代表时我问:"谁愿当英语课代表?"教室里齐刷刷地举起好多只小手,我犹豫再三后确定了一个课代表是大队长,另一个是一位个子高高、表情不太丰富的女生。立刻就有同学表示出惊讶、怀疑和些许不满,各种各样的嘘声和叹气声令这位女生明显地尴尬了。面对这些质疑,我把信任投向了那位女生:"你试试吧,先跟着大队长学,慢慢来。不过课代表必须是学习带头人,期中期末测试成绩不得低于优秀等级。"当时我心里没底,因为她平时成绩一般,不知道这样的压力对她是否过大。一学期下来,出乎意料,她一直认真、主动地做着课代表的工作,期末获得了优秀的考试成绩,她完完全全得到了同学们的认可。她很亲近我。我知道,她是在感谢我在接班的第一天给了她机会和信任。

对于掉队生的补习和检查,我也常常交由中等生去完成。在此过程中,中等生既巩固了知识,深化了理解,又不会感觉有太重的负担,毕竟他们承担的班级工作比较少,在向老师汇报检查情况时,自然也增加了师生间的交谈、交流。适度满足中等生的表现需求,增强了他们在集体中的存在感和同伴中的威信,他们的自信心和上进心也逐渐树立起来了。

中等生上了一个台阶,学困生不着急吗? 一个你追我赶、不努力就落后的班集体,不正是师生所期望的充满活力、蒸蒸日上的班集体吗?

小幸福的力量

一年级九班的小贤下课后问我:"老师,你知道我妈看到您给我的表扬信怎么了?""高兴?""妈妈高兴地都发朋友圈了。"因为与小贤的这个对话我好几天都沉浸在快乐中。

六年级三班的小明同学还没上课就跑来问我:"老师,下一节是你的吗?"我说:"为什么要问?"旁边的小程接话说希望每节课都是我上。我继续追问原因,他说英语课可以有很多发言机会,有竞争,有意思。

小学英语老师的工作是繁重的,我教五、六两个年级,共四个班,但是类似这样点点滴滴的小事总是不期而至,给我带来惊喜和幸福。我也会及时将这些事记在本子上,并经常翻看,给自己加油,为接下来的教学注入新的活力和动力,为成为学生喜欢的老师而不懈努力,以用心的工作为学生带来学习和成长的快乐。

幸福是无形的吗?不,是有形的,是话语,是笑脸,是汗水、善意、智慧浇灌开放的美丽花朵。

慢热中渐浓的师生情

小淞是一个六年级的男孩,衣着整洁,安静地坐在教室的最后一个座位上,看上去没有什么与众不同,但熟悉他的同学和老师都知道他是一个好像永远只按自己想法做事的有孤独症倾向的孩子。我呢,是教过他近三年的英语老师。

小淞上四年级时我初次与他接触,在发现他不跟我交流、不回答我的任何问题之后,我跟小淞的爸爸做过一次交谈。他的爸爸在大学任教,是机器人研究方面的专家。我问他在教育孩子方面最大的顾虑是什么,他的回答有点出乎意料却也在情理之中。他说他最担心的是学校和老师不让他的儿子继续在这里上学(他不想儿子被送到特殊儿童学校去)。如何能帮小淞融入集体、被集体接纳是压在家长心头的重负,当然这也是老师面临的异常艰难的任务。

在与小淞相处的时间里我用大量的时间观察他、了解他、分析他,却不刻意表现出对他的关注。我认为老师对一个学生的格外宽容和特别帮助反而会让他产生防备和反感,会令他觉得自己有别于大众,游离于群体之外。我的教育目的不是要通过对特殊学生的教育取得某种超乎寻常的成果,而是以一种平和的态度,在平等的氛围下与他相处,也让他能自然地与老师、同学相处。教育的过程不是波澜壮阔、心潮澎湃的,而是由一个个小事件凝结起来像春雨般滋养着干涸的心田。

记得六年级有一次全班学生齐读课文时,小淞史无前例地大声朗读,之后又高高地举手要求参与课文分角色朗读。于是我安排小淞扮演了文中的奶奶,大队长小哲扮演孙子大明,他们完美配合,完成了任务,教室里掌声雷动。

在一次听写句型和单词时,小淞没有离开座位看别的同学的答题纸,而是找出英语书奋力地查找听写的内容。这是他的一个进步。考试抄课本还算是进步?老师不是应该制止吗?可是我真的从心底里感到高兴,因为在这之前的两年多时间里他从来都是毫无顾忌地站起来,在教室里来回走动,直接抄写同学现成的答案。如果老师制止的话他就会烦躁、喊叫,弄得班里秩序一片混乱,最后只能是老师无奈地妥协、听之任之。

我作为众多妥协的老师之一,内心其实是不甘的。这样取得的考试成绩对小淞、对他的家长、对老师来说都是没有意义的。经过思考,我决定采取一种特别的计分方式来对待他抄袭的试卷。像批改其他学生的试卷一样我一道一道认真仔细地批改他的试卷,他写的大部分是对的(因为小淞专门找成绩好的同学抄),偶尔有个小错我也认真地给他圈出来让他改错。在最后打分时,我会在成绩旁边加上一个问号,表示这个成绩是有疑问的、不可信的,以这种方式提醒他去改正抄袭的问题。

从四年级到五年级,这个问号始终如一地出现在他的卷子上。我对此有充分的思想准备,没有气馁,在僵持中不断寻找突破口。从课堂上的表现,到作业的完成,我没有给过他有别于其他学生的另一种标准。特别是在分组比赛活动中,与他同组的学生要求老师不将小淞算在内,我反问:"为什么不算?"学生说:"他一直都不算。"我说:"必须算,而且小淞很有可能为你们组得分呢。"看到老师这么坚持,大家也就遵从了这个决定。

所有的活动和要求对小淞都不例外,好像有点强人所难,不符合因材施教,但我仍然坚持这样去做,目的就是尽可能让小淞感到自己和小伙伴是一样的。

虽然两年来小淞的变化是微弱的、缓慢的,但好比跟着蜗牛散步一样,慢下来才可能看到平时没有注意到的风景。比如大家为了让他参与小组比赛会争着帮他练习,坐在他前面的小凡在对话练习时很自然地转身拉着他一起说(虽然小淞低着头好像没有搭理小凡,但根据我们对他的了解,其实他在听着,只是不像其他孩子一样有眼神和话语的表示),然后我让他俩面向全班展示对话,小淞用他独有的语调、含糊的发音完成了对话。再后来他因为没按时完成作业给小组扣分时大家埋怨他,也能引起他一点小小的不安(要知道他以前是对什么都不在意的)。

小淞和我偶尔会有情感上的交流和呼应。记得有一次我从加拿大学习半个月后回到学校,从办公室老师那里得知这半个月小淞每天都会来办公室找我,问老师们我去哪里了,直到今天见到正在办公室接电话的我。我拍了一下他的小脸,他才心满意足地走了。在走廊上见到他的老师说,一直走到走廊拐角的地方他的脸上仍挂着笑容。

对于有孤独症倾向的小淞来说,老师的关爱像外面的世界透进来的一缕明亮、温暖的阳光,而他对老师敞开的那扇小窗也让我心动不已,如饮甘露。

堵还是疏

—— 如果我是班主任

四年级某班的一些男生迷上了折纸，作为英语老师的我很无奈，英语学习和课堂规则根本抵不过折纸的吸引力，这些男生甚至一边自己折纸，一边互相交流，在课堂上"隔空"切磋技艺。其中最突出的是小炳同学，因折纸的超常速度和超高难度拥有了一众小崇拜者和模仿者，无论是课上还是课下，他都成为他们的"圆心"。而在这股热潮之前，小炳上课爱做小动作、插话，是老师重点关注的对象，因为个性原因他也几乎没有朋友，课间总是独来独往。这下他"以技会友"，哪还会把老师一遍遍的提醒放在心上。除了批评、记名、没收折纸以外，作为课任老师的我无计可施。

忽然想到，如果我是班主任，我会这样做——

首先欣赏他们的作品。在他们的手中几张纸在几分钟之内就能变成栩栩如生的轮船、动物作品……如果仅把说服点落在要节约纸张、注意环境保护、上课认真听讲上是不足以撼动他们的，那么不如来场酣畅淋漓的折纸比赛吧！可能有人会质疑，这样学生不就会更加不顾一切地折纸了吗？

其实解决的办法可以隐含在折纸比赛规则中。比如，规定被任课老师发现在课堂上折纸的学生将被取消参赛资格；自习课班主任可以让学生选择写作业、阅读、小组研究折纸几种活动，提供时间支持他们在赛前充分讨论、练习，有了这样光明正大集中活动的时间和机会，学生就不会偷偷地在课堂上折纸了；提倡使用可循环材料制作折纸作品，比如用过的作业本、过期的报纸、闲置的包装纸等，与其空谈环保，不如让他们在物尽其用的活动中体验；对于折纸比赛胜出的学生可以采取发证书或其他奖励的形式来肯定他们的这项技能，这对于那些像小炳一样有专长的孩子无疑是莫大的鼓励，使他们树立起了荣誉感，结交了趣味相投的朋友，之后如果再在课堂上有违规小动作时他们也会虚心接受老师的提醒。老师对学生特殊兴趣和才能的尊重，可以换来意想不到的成效。

如果这类比赛能在班级实践成功的基础上扩展成学校的活动，那么一个班级课堂纪律组织问题的解决就演绎成了全校的一项特色创意实践活动。所以课堂上一个棘手问题的出现也可能会成为难得的教育契机,堵还是疏,其效果可能有天壤之别。

冷静是解决问题的唯一正确态度

看到一起幼儿园体罚事件报道,我心里很沉重。该幼儿教师的行为严重违背了教师职业道德。当前很多教育工作者认为现在的儿童,特别是独生子女比较娇惯、顽皮和任性,在教育过程中时常感到难度大、压力大,无助和无奈,由此产生了无法排解的不良情绪,烦躁、易怒,想给表现特别"突出"的学生一个"下马威"。这种想法从人之常情来说有其产生的客观原因,但从教师的责任和义务来看,任何一名教师都没有理由去冲动地以体罚的方式对待顽劣的孩童。

因此,教师应时常从自身教学中存在的难点问题出发进行自我反思,寻找符合教育规律和师德规范的解决办法,把对学生甚至对其家庭教育的不满转变为需要攻克的研究课题,不断提高教育、教学技能和艺术,做到既对学生负责,也对自己的职业发展负责。

留住每位学生的学习愿望

从教育职责来说，任何学科的教育都不仅仅是知识教学，还应该重视对学生的精神世界、思维方式等方面的培养。正如苏霍姆林斯基关注学生眼睛里渴求知识的火花一样，作为英语老师，我长期以来也在追寻一个目标——留住每位学生的学习愿望。

如果英语老师把教学的主要目标定位于学生记忆和背诵，或许通过一次次检查学生朗读、背诵、听写或测查的方式会获得老师所预期的学习成绩。可是对大多数学生来说，他们的学习愿望是快乐学习，付出努力去发现真理，在真理面前感到激动和惊奇。如何才能让留住学生的学习愿望呢？有一个很简单的办法就是在研读教材的时候，努力从学生的视角发掘其中的兴趣点，提出有真正思维价值的问题让他们思考，尽量限制那些仅仅为了学习单词、句子和语篇而直接让他们截取现成答案的问题的数量。

苏霍姆林斯基提出："在有经验的教师的教育实验中，最困难、最复杂的问题，正是如何使最差的学生也能看到自己的劳动成果，并体验到思考劳动者的自豪感。"我想这些观点应该来自他自己的教学体验。既然如此，我想老师就要把让学生尤其是学困生获得成功的体验作为最高的研究目标，不断地调整教学的节奏和要求。对于学困生，哪怕对他们的要求降低到我们内心感觉很低的程度，但只要是他们付出一定的努力达到了我们的要求，那么我们为他们去做的这种适当的"让步"就是值得的，因为我们留住了他们的学习愿望。

第二部分
读书感悟

到教育目标研究的上游撷一捧甘露

——读《课程与教学的基本原理》有感

站在高处看教育，是我读了《课程与教学的基本原理》这本教育专著后的感受。这本书是被誉为美国"现代课程理论之父""当代教育评价之父"的拉尔夫·泰勒最有影响的著作，与约翰·杜威的《民主主义与教育》并称为1906年以来对学校课程领域影响最大的著作之一。作为一线教师，我接受过教育教学方面的多次培训，很多培训内容都是出自这本书。读过这本书后，我感觉自己站在了更高的位置俯瞰所从事的基础教育工作，以往一些零散、模糊的认识变得系统、清晰起来。

🌱 教育目标的来源

书中观点：教育目标大致有五个来源，即利用对学习者本身的研究选择目标、利用对校外生活的研究选择目标、利用学科专家对目标的建议选择目标、利用哲学选择目标、利用学习心理学选择目标。

实践链接：利用学习者本身的研究确立教育目标，要求老师深知学生的需要，如生理性需要、社会性需要、整体性需要，知识、技能的发展目标将帮助儿童满足这些需要；对学生的兴趣进行调查，以这些兴趣作为关注的焦点。因为教育是一个主动的过程，所以学习者要自己主动努力，教育者应为学生提供机会，使他们能积极参与并全力处理让他们感兴趣且与之关系密切的事情，学会如何有效地学习。

在我教的六年级班级里，我对一个学生的教育目标定位就是满足其需要和兴趣。小康是个特别需要他人注意的学生，有极强的存在感。他成绩不错，但很少能遵守纪律、服从管理，总是表现出一副叛逆的样子。经过观察，我了解到他喜欢回答有挑战性的英语问题，比如采用不同形式对图片进行表述、论述整段话、描述真实情况，他都积极地要求发言，对于一般性的问题要么不听，要么打断同学发言，甚至讥笑别人犯的语言错误。于是我根据他的兴趣特点为他量身设计问题和学习任务，有意识地将他的纪律表现与参与表现结合，比如当他多次违反纪律后就会对他禁言五到十分钟。在这段时间里当他遇到特别想回答的有趣或有难度的问题时他就会很着急。所幸他能领悟到老师的用心,他在纪律方面的自我约束意识和能力慢慢地提高了。当然这个目标确定的信息来源也涉及"利用学习心理学选择目标",教师提出教育目标要与学生内在的需要相一致。对于小康来说,用规则条例要求他安静地待在课堂上是在硬性实施他的发展阶段不可能达到的教育目标,而利用他较强的学习能力来激发、调动他的纪律约束能力还是可行的。

教育目标的陈述

书中观点:陈述教育目标有以下三类错误。

一是陈述为要教师去做的事,而不是让学生的行为模式发生显著的改变。

二是陈述了课程涉及的主题、观念、概论等内容,而不是具体指出期望学生如何处理这些内容。

三是陈述的行为太笼统,不明确,不太可能有成效,如"培养批判性思维""培养鉴赏力"。

实践链接:具体的教学目标与课程目标表述是有共通之处的。在没有研读书中课程目标陈述的观点之前,我的教案中有些教学目标陈述成了教师去做的事,如教授过去时态的结构、介绍圣诞节的习俗、创设某个小组活动的时机。这些教学目标有直接以学习内容为目标的,如方位词、价格陈述;也有过于笼统的行为目标陈述,如培养学生跨文化意识、培养自主探究能力。在学习了正确的教育目标陈述方法后,我尝试运用行为指向和内容两个维度的表格来简明清晰地陈述教学目标。

教育目标达成度的评估

书中观点:用评估确定学生身上发生了什么变化。比如哪些地方实现了课程目标,哪些地方仍需要进一步改善。评估工具的三个标准是客观性、信度、效度。

实践链接:评估工具有很多,如观察记录、调查问卷、收集作品,而在学校里最经常被用来反映教师教学和学生学习水平的评估工具还是纸质试卷。那么下面就以纸质试卷来说明评估工具的三个标准。如果能力相当的两个人的卷面分数也接近的话,则这份试卷就是客观的,反之则没有客观地评估出目标达成情况,其原因可能是测试题目与既定的教学目标有偏差;信度是说测试的内容不能太少,时间跨度不能太短;效度是指卷面显示的成绩跟学生实际表现水平基本一致。

一个教育问题的研究历程就像奔腾不息的江河,研究者站的位置不同,看到的景象和获得的体验迥然有异。我和多数的一线教师一样,大多时候处在江河下游的位置,接受和贯彻各级领导部门的指导意见。而当读到拉尔夫·泰勒关于教育目标研究的这本著作时,就好像从江河上游撷起一捧清澈的甘露,触碰到了支撑以往种种懵懂尝试的理论精髓,有一种从知其然到知其所以然的豁然开朗。有了这种认知,我将在以后的教学中减少盲目和偏差,手中执掌的帆舟会愈行愈远,愈行愈稳健。

理清四个问题，走好教书之路

《教师一定要思考的四个问题》是一本读起来感到生涩的书，因为其理论深奥复杂，有些翻译语句不太符合中文习惯，但我坚持读完后领悟、收获了很多。

我首先结合自己的实践和理解去认真思考了书中提出的教师要思考的以下四个问题。

第一，教师为什么而教？怎样教？

第二，学生为什么要学？怎样学？

第三，什么样的人才有资格做教师？为什么教育的使命落到他们身上？

第四，教与学最终的目的是什么？

🌱 关于第一个问题：教师为什么而教？怎样教？

每个人从事教师职业的原因不同，可能因为：喜欢孩子；自己的父母是教师；暑假、寒假两个长假期的吸引力；想要从事这样一种职业，虽然物质回报比较少，但一般不会有失业的担忧；认为教师有一定社会地位；教师的收入稳定；认为教育是很重要的，希望能够让学生享受到教育带来的益处。

🌱 关于第二个问题：学生为什么要学？怎样学？

同一个班级里每个学生的情况是截然不同的，他们拥有不同的天分，有不同的学习行为和学习目标。

霍华德·加德纳认为天分可以归为八大类：自然主义的、人与人之间的、个人内心的、语言上的、数学和逻辑上的、形象和空间的、动感的、音乐的。

亚伯拉罕·马斯洛提出人的需求层次金字塔理论，该理论描述了人有五个层次的需求，即生理需求、安全感需求、归属感和爱的需求、尊重的需求、自我实现的需求。

🌱 关于第三个问题：什么样的人才有资格做教师？为什么教育的使命落到他们身上？

教师所需要的特质就是对工作充满热情、有专业素养、具备创新能力以及良好的师德师风。

只有教师拥有了这些特质，才能更好地把知识教授给学生，才能担当起这份教育使命。

关于第四个问题：教与学最终的目的是什么？

教与学最终的目的是促进学生的全面发展。教师在这个过程中担负着重要的责任，应该对自己的社会角色充满信心。

教育不是填满水桶，而是点燃火焰。教师不会轻易放弃一个学生，而是要让学生的眼中闪烁光芒，心中绽放笑容。

初识现代教育方向标：多元文化教育

—— 读《多元文化教育的理论与实践》所感

多元文化意识是英语学科的核心素养之一。多元文化教育是现代教育发展的方向标。在国外，多元文化教育思想从 20 世纪 60 年代就得到了积极的发展，但国内很多老师对多元文化教育知之甚少。俄罗斯教育学博士古卡连科撰写的《多元文化教育的理论与实践》一书如一位智者的手掀开了多元文化教育神秘的面纱，将国际上近 60 年来教育家们在这个领域研究的成果以及她本人独特的见解呈现给读者，为学校和教师进行多元文化教育的实践提供了清晰的思路。

有关多元文化教育的概念解析

多元文化教育将教育与文化相联系，培养学生与不同民族、种族、信仰的人交往和合作的能力，形成宽容心、同情心，促进学生全面发展。

基础教育教学课程要求学生掌握以下多元文化教育的基本概念：独特性、唯一性、文化传统、精神文化、民族认同、民族自我意识、中国文化、世界文化、文化共同的根、文化的多样性和差异性、文化的相互影响、跨文化交际、文化趋同、民族间的冲突、相互理解、和睦团结、合作宽容、非暴力等。

多元文化教育的具体任务包括以下几个。

第一，要让学生深入、全面掌握本民族的文化，这是与其他文化融合的必要条件。

第二，要让学生形成世界文化多样性的观念，培养对文化差异的积极态度。

第三，要让学生发展与其他文化相互交流的技能和技巧，培养热爱和平的意识。

多元文化教育的核心理念——人文主义原则

列夫·托尔斯泰提出"教育学的标准只有一个——自由"。他认为儿童有发展个性的自由，不应受到压制。教育家扬·阿姆斯·夸美纽斯提出不加任何歧视性的规定和限制的原则,"应把所有的事物教给所有的人"。

多元文化教育就是依据人文主义教育原则,推动形成个体的多元文化取向。教师应尊重学生的个性,了解、关注其特点、志趣、需求和愿望,用以人为本的态度对待学生,把对学生的爱和严格要求相结合,使学生个人形成人文主义文化。

🌱 多元文化教育对教师的要求

能胜任多元文化教育任务的教师具有以下特点:掌握一般的和职业的文化;思维有深度和灵活性;以与学生合作为宗旨,帮助、支持每个学生;具备分析预测能力、建构能力、沟通能力、创造能力。

教师要学习和具备的文化学内容包括现代文化、文化多元论、社会的多文化性、语言差异、文化群体的行为和精神特点、冲突及产生的原因、非强制性地解决冲突的途径等。

长期以来,教师努力向学生描述、讲解文化知识,而掌握文化知识最重要的其实是在学生与周围的事物之间建立真实的内部联系,所以无论是从学习活动的内容还是形式教师都要以建立真实的联系为出发点,帮助学生寻找事物和人之间的关系,从让学生知道逐步转变为让学生自己发现和切身体会。

多元文化教育提出要培养个性,使学生通过对话交往、交换思想去认知文化,并提高自己的创造力。这就要求教师具备高水平的文化交流能力,不是训斥和惩罚学生,而是不断地与学生沟通并提出意见,经常采用支持、表扬、肯定的方法,给予学生更多的肯定。任何教育冲突都不应该通过对学生施加行为和语言暴力的方式予以解决,而应该保护学生,使其免于紧张、恐慌和屈辱。专制型教师会让学生感到恐惧和无力反抗。教师要经常对学生说:"你自己怎样想?""我对你的意见很感兴趣。""你为什么沉默?""说说看,我哪儿不对了?"不要打断学生的讲话,努力使学生拥有积极向上的精神品格,激发智力潜能。

🌱 多元文化教育的方法和形式

在现代多元文化教育中,教师可以尝试各种各样的教育形式,以及非传统的方法和创新技术。例如,绘本阅读、角色游戏、讨论、座谈会、对话、模仿、代表人物的主题会、智力游戏、抢答比赛、新闻俱乐部、节日专题、音乐会、艺术节、英语节、参观游览、探索活动,所有这些都有助于个人在多元文化教育空间中全面发展。

英语学习对多元文化教育的作用

英语作为世界通用语言在国际化多边化形势下可以为不同民族交往提供可能与便利,是掌握其他国家和民族文化历史和社会经验的工具。英语在一定程度上不仅是思想的表达方式,也承载着民族文化的信息源。英语在发挥介绍知识的功能的同时,也是开启多元文化教育体验的钥匙。

多元文化教育面临的困难

多元文化教育面临以下困难。

第一,现有的教育研究水平不能保障多元文化教育目标的达成,缺乏系统性和整体性。

第二,教师为实施多元文化教育所做的准备不足,缺乏创新性。

第三,教师缺乏引导学生个性发展的方法,教学、游戏中常常不能平等地对待学生,不能够理解学生的需求,不能与时俱进,不考虑学生的变化发展而固守已有的教学经验等。

读《好课的样子》有感

好课是什么样的？这是一个既模糊又具体的问题。模糊是因为好课评判标准的多样化。教育观念、技术手段等在发展变化中，按当前标准评判出的好课，可能不久就会被全盘否定或者部分否定。好课在各个环节的设计、实施效果是实实在在地被感知的，这种感知来自授课老师、学生和观摩者。

在《好课的样子》一文中，作者的主要观点是：好课应该是生活的课堂、对话的课堂、文化的课堂。我对此有同感。

美国教育家约翰·杜威说过"教育即生活"，这与《好课的样子》的作者"好课应该是生活的课堂"的观点是一致的。脱离生活的课堂刻板枯燥，没有活力。究其原因，一是这样的课堂以应试为教学目的，只关注与考试有关的知识，知识结构单一；二是不注意搜集和挖掘生活中的素材，忽略知识与实际生活的联系。在小学高年级的英语仿写练习中，有些老师直接根据考试的几种时态提供给学生范文，要求学生背诵。我认为对于这个过程学生是没有兴趣可言的。比如"Last weekend"（上个周末）这种题目，老师可以放手让学生写自己真实的经历，让他们体会到用第二种语言描述自己的生活是多么开心的事，即使写出的文章有错误也不必太在意，语言能力就是在出错、改错、再出错、再纠错的循环往复的过程中不断提升的。

好课是对话的课堂。小学的课堂上老师经常说"安静，别讲话"，当然维持和组织课堂纪律是必要的，但也要想一想课堂上师生、生生间的交流是否足够充分，老师提出的问题是否促成了不同深度的思想碰撞。在听其他老师讲课时我发现有些老师提出的问题没有考虑学生的兴趣，一问一答好像很顺利，但导致学生的思维活动比较肤浅，不利于学生发散思维的发展。有发散才有创造，老师应该在问题的设计上提供条件，营造环境促进学生思维能力的发展。

好课是文化的课堂。实际情况却不尽如人意，不少老师往往只是满足于让学生掌握手中的那本教材上的知识。一堂好课应该是既传递知识又传播文化，在学科教学中对学生的文化渗透和滋养也是不可或缺的。在每年学校组织的学生给老师写教师节卡片的活动中，一个五年级的学生写给我的是："您是一位知识渊博的老师。"我在英语课上经常会从语言的学习拓展到历史、地理、政治、科学等相关话题,这样学生不仅学习兴趣更浓厚,而且愿意把他们自己了解到的相关内容与大家分享。可能有的老师会说这不是跑偏了吗?我认为小学基础教育阶段的课程不宜生硬切割,各学科之间可以自然地过渡、融合、拓展,形成没有"栅栏"的系统性的知识体系,这样才更加符合小学生的年龄特点和认知需求,何乐而不为呢?

翻转课堂十年研究的足迹

——读《翻转课堂与慕课教学》感悟

被誉为"翻转课堂先驱"的乔纳森和亚伦是美国科罗拉多州落基山林地公园高中的化学老师。读了他们撰写的《翻转课堂与慕课教学》,我对这一教学模式的认识和理解更加深刻了。这本书是他们2006—2016年10年研究之路的"白描"。阅读它,能感受到他们一切从学生和学习出发,不计困难、潜心研究的炽热情怀。

🌱 三类学生的需求引发了翻转课堂的产生

这三类学生具体介绍如下。

第一类学生:在学校过得很煎熬,课堂上跟不上老师的讲课节奏,在家里写作业也很煎熬,总觉得老师讲的内容好像跟作业里的要求不一样。

第二类学生:参加活动或比赛多,必须提前离校,错过大量课程,又挣扎着想要赶上其他同学的学习进度。

第三类学生:虽然能得到优秀成绩,满足评分标准要求,但其实并不真正理解课程内容。

这三类学生在中国的学校也是老师要着力研究和帮助的对象。于是乔纳斯和亚伦用整整一学年的时间录制了所有化学课的讲课视频,这样学生们就可以在家里看录制的课程。有趣的是乔纳斯和亚伦认为这样做是出于私心,因为以往他们花费了过多的时间为落课的学生补课,这些录制的课程成为避免他们为学生补课的"防线"。

🌱 通达翻转课堂的产生

通达学习理论认为只要时间充足,且有足够的帮助,几乎所有学生都可以掌握全部的课程内容,也就是让学生按照自身节奏进行一系列的目标学习。翻转课堂融合了这一理论,从而产生了通达翻转课堂。学生在家里看录像时,控制器握在自己手中,可以随时按下暂停键,或者反复观看某个片段,如果觉得讲得太慢或可以自学的部分也可以将这部分片段直接跳过去。对于特殊需要的学生，比如某段时间因为要参加数不清的活动和比赛而没有时间学习，或者想提前学习没有讲到的课程，也可以很灵活地安排自己的时间。也就是说学生自己掌握听课的节奏以及课程的进度。

课外和课内任务翻转，师生角色发生转变

原本课堂上讲的内容学生在家里自学了，在学校上课的时候老师不是更空闲，反而是更忙了，因为学生是带着各自自学中遇到的问题坐在教室里，课堂一开始就进入问答环节。之后学生开始在课堂上完成原本要在家里做的作业（练习题）。老师则巡视并随时帮助有问题、有困难的学生。

这样学生有了更多与老师和同伴交流的时间。原本课程讲授的时间大约占到课堂一半的时间，现在就可以用这段时间进行小组学习，或者和老师单独交谈。在完成作业的过程中学生建立互助小组，不再是单纯依靠老师，气氛和谐而高效。

翻转课堂实施的困难及解决办法

老师方面的困难

乔纳斯和亚伦客观地分析了制作视频的技术和设备方面的问题。他们认为完成整套教材的课程视频工作量是巨大的，除了老师自己制作外，还可以考虑使用其他老师已经做好的视频，进行资源共享。对于像我这样对电脑技术掌握不太灵活的中老年老师来说，靠自己制作出全部教学视频困难重重，所以这种"可以拿来用"的观点为我运用翻转课堂模式松了绑。

视频制作是在不断改进中的，除了在技术方面不断提高外，一些细节也影响学生观看的兴趣，如一人录制不如两人对话的效果好，一节课时长录制不如五到十分钟的微视频的效果好，出现老师的画面让学生有身临其境的感觉，手写板书比电脑上直接打出的字更有示范性等都是考虑的因素之一。

学生方面的困难

学生方面的困难在于学生家庭是否具备较适宜的电子设备观看教学视频。我特别欣赏乔纳斯和亚伦关于这个问题的落实——他们在开始使用教学视频之前会确保每个学生在家里都能看到。他们认为使用这种教育模式，若有些学

生能参与其中,而有些不能,则是不道德的。这一点使我联想到我教的班级里的特困学生,还有一个从小没有父母、由奶奶带大的学生,他们的家里可能也没有电脑和网络,我也应该考虑通过一些途径帮助他们看到视频,比如利用放学之后的时间让他们在学校看完视频。

在上课之前个别学生在家里没有观看教学视频的情况难免也会出现,那就只能用教室里的电脑让这些学生在课堂上观看。这些需要用课堂时间补看视频的学生会错过老师单独辅导的时间。当其他学生在课堂上完成了所有的作业,这些学生就需要回家完成作业,我想他们很快会意识到做作业时有老师指导是非常有益的,因此之后他们多半也会在家看完视频,以便充分利用课堂跟老师在一起的时间,这是促使绝大多数学生在家观看视频的动力所在。

书中列举的作者任教学校以及其他学校使用翻转课堂模式的老师们的教学案例,可以证明这种模式带给师生显而易见的变化。学生不仅在一定程度上有了决定学习课程内容时间、讲授方式、学习进度的自主权,而且提高了管理时间的能力;老师在课堂上有更多的时间与学生交流,增进了对学生学习以及其他情况的了解,为实施个性化教学和差异性教学提供了认知基础和时间保障。

翻转课堂成功地将注意力从老师转移到了学生和学习上,我认为这一点就是翻转课堂有别于传统教学、对现代化教育创新改革所做出的最大贡献。

读《让爱走在教育的前头》有感

爱的教育深得人心，在实践中如何具体实施爱的教育是每一位老师应该深思和持续研究的问题。

让爱走在教育的前头，教育才是打动人心、有魅力的。爱是教育的一种力量和方式，它推动教育的发展，渗透在教育整个过程中，引导学生学会爱，学会同情，学会感激，学会服务他人。

师爱应该是超越母爱和父爱的，学生虽不是自己的孩子，但老师要把学生当作自己的孩子来爱，师爱更加无私。《让爱走在教育的前头》一文中，一位高三学生，少年丧父，考上大学后给数学老师写了一封信："教外语的老师因为我成绩不好，当众宣布放弃我；教语文的老师因为我背不出《赤壁赋》，让我站在那儿羞愧难当；只有你——教数学的老师，为我添置寒衣，为我无偿补习数学。其实我的数学很好，只是为了看看你能不能给我父爱……"原来学生也在考验老师，考验老师有没有爱的能力。在这个例子中，所幸三位老师中终究有一位经受住了考验，而我们也应该警醒地意识到这样的老师可能没有那么多！

除了无私，师爱还要有客观性、合理性，要克服主观性、盲目性。师爱要遵循教育的规律，从学生年龄特点、身心发展规律以及个性差异出发，以积极的方式，循序渐进，引发学生内在力量的觉醒。老师对待学生还要有平和的心态。

在实际工作中，我认为平和的心态很重要。老师要充分认识和理解所教学生的个体差异，不能一味地按照统一的过高或过低的标准要求不同的学生，应立足学生实际确定他们各自能达成的目标，让每个学生都能体会到成功的乐趣。例如，在背诵英语课文时，有的学生要花费很长的时间才能背过两三句重点句，而不少学生只需要不长的时间就可以背诵出整个对话。如果按照同样的要求布置作业，那有的学生可能会完不成，所以我把背诵作业的完成分为两个标准，一是能背过，二是读十遍但没背过也算完成，这样班里几乎每个学生都能完成作业了。而且因为老师的不断鼓励，班里越来越多的学生在向着第一个标准努力。小婕是个内向的女孩，因为学习能力弱，成绩在班里较差。四年级我接班教她英语时，开学近一个月她从来没有完成过背诵的作业。我跟她的家长电话沟通这个问题时,她爸爸一点也不意外,很平静地告诉我他的女儿根本不可能背过课文。当我告诉家长有第二个标准时,我听出电话那边说话的语气有了起伏,家长好像如释重负了。是啊,如果不是特殊原因,哪个家长也不愿意孩子不能、不去完成学习任务。从此以后,小婕也能愉快地按照适合她的标准努力完成作业了,比起以往因为没有希望完成作业而干脆放弃来说,现在她的学习状态要好得多了。

因此,师爱是一种深情,也是一种收放有度的智慧。

"拿来"框架,善用于实践

——读《提升专业实践力:教学的框架》所得

小学老师肩负着基础教育职责,他们希望自己从事的职业被认可,受到尊重。美国新泽西州普林斯顿市的教育咨询顾问夏洛特·丹尼尔森撰写的《提升专业实践力:教学的框架》(以下简称《框架》),让读者领悟到教师地位的提高不能单靠政府呼吁和政策支持,要依靠教师专业化水平的不断提高,才能像其他职业,诸如医生、建筑师、律师一样,在专业性较高的职业领域中占有一席之地。

在《框架》里,复杂的教学活动被分成四个职责板块:计划和准备、课堂环境、课堂教学、专业职责。每个板块又分成五到六个组成部分,共22个组成部分;而每个组成部分又细分成二到五个要素,共76个要素。教学活动框架一目了然,按照"板块→组成部分→要素"的顺序就可以查阅到想要了解的部分。教学活动框架服务于教与学的方方面面,对师资培训、老师招聘、同伴互助、教学管理和教学评价等一系列活动,展现了其强大的功能。

好的东西是要拿来用的,我在阅读这本书时脑海中会不自觉地产生各种联系,设想着把书中的某个观点用于自己的某个教学环节中会怎样。

🌱 "拿来"一:表现水平分级表

教学活动框架中有一套分级表,将老师在四个职责板块的表现水平分为不合格、合格、良好和优秀。比如板块一:计划和准备中,不合格指教学计划几乎反映不出对教学内容、学生和可用资源的了解。教学目标要么没有,要么不合适,评价方法不够完善。由合格和良好上升到优秀的教学计划则是以广泛的学科知识和对学生的了解为基础,旨在让学生参与有意义的学习。教学计划的各个方面,如教学目标、学习活动、学习材料、学习资源及评价体系都非常完善,并按照个别学生的需要进行了修改。新老师要避免出现不合格等级中的问题,至少要达到合格等级的要求。对于有经验的老师可以将优秀等级作为奋斗的目标。

作为学校英语教研组长,除了拿分级表来进行自我评价以外,我还想到用它作为设计新的课堂观察量表的依据。当然在使用新量表之前,我会跟全体英语老师一起对其进行学习和讨论,在全面了解和充分讨论的基础上,结合学校的特点和需要有选择、有侧重地使用。

🌱 "拿来"二:"学生学得好还靠老师教得好"的观点

学生学得好,离不开老师的教导和引导。然而现实中也确实存在优秀生不用老师多费气力,花费老师最多精力和时间的往往是学困生这一现象。那么是不是老师的作用就可以淡化了呢?《框架》认为对于学生来说,理解基础知识很重要,但要深刻和灵活地理解复杂的内容、融会贯通学习内容也是很有必要的,要让学生达到这种学习效果,老师自己必须对教学内容有深刻、灵活的理解,使学生减少死记硬背,学会分析、诠释、运用所学知识。片面强调学生差异导致的学业差距,而忽略老师对全体学生的指导引领是一种消极的看法,对学生的成长不利,对需要不断钻研和提升专业水平的老师也会产生不利的心理暗示。再次坚定"学生学得好还靠老师教得好"的观点对于教师专业发展是及时和必要的。虽然学生之间的个体差距始终存在,但"学生学得好"离不开老师的教导,班级整体水平的提高也离不开老师的辛勤付出。

🌱 "拿来"三:"师生关系营造中不要忘记老师作为成人的作用"的观点

和谐融洽的师生关系是教育教学活动取得成功的必要保证,但不意味着老师要特意放低身段,与学生打成一片,一些表面亲热但并不真实的关系会损害老师作为成年人所起到的根本作用。

老师认真、严格的态度是对学生最本质的关怀,也能起到督促的作用,学生喜欢老师对他们有高期待,对他们胜任挑战充满信心,他们不希望老师"轻易放过他们"。学生对热爱教学、热爱所教学科并能全身心投入教学的老师最为欣赏,在这些老师身边也会有安全感。

对待特别顽劣的、懒惰的、学习能力低的学生是不是可以降低要求呢?我认为可以,所谓因材施教就是要考虑学生的个体差异,但是对这些学生降低要求是需要智慧的，而且降低后的要求也是需要这些学生"跳一跳"才能够到的。但是有些老师很无奈地让不会做作业的学生直接抄写答案的行为是要坚决摒弃的，因为一旦这样降低要求之后，新问题又出现了，那些起初直接抄答案的学生后来竟然连答案都懒得抄了。究其原因，这些抄写答案的行为对他们的成长没有任何益处，相反他们的自尊心可能因此而受到伤害，所以他们会继续以更"恶劣"的表现回馈给老师。老师的权威遭到了挑衅，那么老师可能会用更严厉的态度和招数使这些学生"驯服"。《框架》调查的结果显示"学生既不怕体罚也不怕言语上的攻击"，这些学生毕业的同时也宣布老师的教育以失败告终。

我也曾经经历过这样的失败。痛定思痛后我做了一些改变，比如五年级的小乐同学不认识26个字母，每次练习题全空着，于是我让小乐同学自己选练习题中的一两个单词，读出其中的字母。因为有自主选择权，他会很高兴，总会选出最短的单词来读。即使这样，他读出单词所需要的时间比别人背出来所需要的时间还是要多好几倍，我并没有点破这个事实，而是很平静地像对待其他学生一样宣布他完成任务了。这种平静比夸赞或不屑一顾更有利于保护像小乐这样的学生的尊严。

🌱 "拿来"四：与同事建立广泛的、高度职业化的人际关系

老师的工作内容远远超越课堂教学，比如参加会议、排练校园剧、召开家长会、参与某个考察活动，常常排满了课堂以外的时间。老师必不可少地要跟班主任、科任老师及教学管理、信息技术等各部门的同事打交道，所以有必要建立广泛的同事关系，才能在履行各方面的职责时都能互相给予必要、及时的支持和帮助。

高度职业化的同事关系指在专业知识方面不保守，愿意与经验不足的老师共享资料和见解，支持他人，不以贬低别人为代价让自己出风头，也不会为了自己的利益而试图操纵集体讨论的结果。为了实现学校的教学计划和学生的发展，老师们通力协作，策划主题单元，或为有特殊需要的学生协调安排体验活动并交流有效的做法。高度职业化的同事关系是一种超越了仅仅以生活琐事和家长里短为主要话题和情感支撑的同事关系，充满正能量，老师们共同地、不断地获得工作中的成就感，使职业发展充满希望，前景乐观。

　　我认为教师的专业地位不是某些老师仅仅按照《框架》的各个要素提升教学水平就可以做到的,它需要的是整个教师队伍的集体作为,只有团队共同努力,才会提升社会对教师职业的整体评价。因此希望《框架》这本书能够被众多的同行学习、研究并用以指导、规范和提升教学行为,把它作为教师从行业走向专业的一件法宝。

浅析焦点讨论法
与其教育理论基础的链接
—— 研读《关键在问——焦点讨论法在学校中的应用》

焦点讨论法（ORID）是加拿大教育专家乔·尼尔森花费 50 多年时间研究、实践和推广的一种聚焦组织和引导有价值的讨论的方法，其最大贡献是针对问题支架设置提供了具体的、可操作性的方式，列举了不同学科的、大量鲜活的、多维度的讨论方案示例。焦点讨论法所依据和运用的五个核心教育理论思想和方法论是约翰·杜威的实用主义教育思想、让·皮亚杰的建构主义思想、霍华德·加德纳的多元智能理论、意象教育理论及螺旋式课程。

约翰·杜威的实用主义教育思想

约翰·杜威认为教育的本质是"教育即生活，学校即社会"，倡导选择生活教材，将人类与事物引入学校。焦点讨论法应用示例的情境是与生活和社会密切相关的，如提高教师维持纪律的能力、处理某学生不当行为的策略等这些困难重重、无可回避的现实问题。

书中列举的示例分四类：让学习变得更有意义、让团体沟通更有效、避免和解决矛盾、增强教学评估的有效性。这些示例几乎涵盖了教育活动的全部内容，即使遇见新的课题，大多也可以从给出的示例中找到类似的思路，稍作调整即可获得适切的方案。

约翰·杜威强调"做中学"，焦点讨论法正是一种可以直接"拿来用"的实用工具。书中的示例表格按四个思维层面（客观性层面、反应性层面、诠释性层面、决定性层面）设计了四项问题（客观性问题、反应性问题、诠释性问题、决定性问题），这种问题设计与思维层面一一对应的讨论步骤条理清晰，易于理解、操作和掌握。

让·皮亚杰的建构主义思想

建构主义认为，学习者的知识是在一定情境下，借助于他人的帮助，如人与人之间的协作、交流、利用必要的信息,通过意义的建构而获得的。理想的学习环境应当包括情境、协作、交流和意义构建四个部分。

书中示例表格中的左侧列有适用对象、情境、理性目标、体验目标,这样就将讨论聚焦到真实具体的情境,让老师在协作、交流过程中处理信息,在理性和体验目标的引导下向意义建构的方向发展。

建构主义对师生的角色定位是,老师是学生建构知识的忠实支持者。在焦点讨论时,老师有两个身份,一是传达观点的专家,二是引导讨论者,后者的作用要远远大于前者。为了使身份切换明显,避免被参与者认为引导讨论者试图传达观点而不是听取观点,可以考虑将问题提前写在黑板上,或者老师在提问时站在教室的一端,而不是中央的位置。

🌱 加德纳的多元智能理论

加德纳认为人至少有八种形式的智能:语言智能、数学逻辑智能、空间智能、身体运动智能、音乐智能、人际智能、自我认知智能和自然认知智能。人在运用自己最优势的智能时,学得最为轻松。

在焦点讨论法的一个关于"练习用英语讨论一篇报纸上的报道"示例中,老师把问题写在黑板上,学生可以同时看到和听到句子中的单词,涉及语言智能。在读出黑板上的反应性问题时,学生试着模仿问题中的情绪,如愤怒——晃拳头、恐惧——以手遮面,做强调和提示,则适用身体运动智能型学习者的需求。

在头脑中进行"讨论"的示例:学生选择一个打算完成的项目,发挥自我认知智能,独立思考老师写在黑板上的四个层面的问题,通过自我问答完成讨论,做出决定。这类示例从设计问题、回答问题到行动决定都由学生独立完成。

🌱 意象教育理论

意象教育是将讯息有意地导向一个人的意象,从而创造改变意象的机会。当某些讯息与现有的意象发生冲突,最终旧意象被放弃、更好的新意象被接受时,教育就发生了。

在焦点讨论法的示例中"情境"部分就是提供的讯息,客观性问题引导讨论者描述讯息;反应性问题是旧意象对讯息的投射;诠释性问题是促成讯息对现有意象的改变;决定性问题是核实前面讨论的程度和效果能形成怎样的新意象,是否可以做出决定或采取行动。

意象教育的思维路径是从世界接收的讯息与所持的价值观产生互动。收到的讯息会影响已有的意象,可能会加强这些意象,可能会在其中加入新的意象,可能会与已有意象产生冲突,也可能会完全改变已有的意象。意象改变时,行为就会改变。焦点讨论法从客观性层面到决定性层面的讨论路径与意象教育的思维路径是一致的。

🌱 螺旋式课程

布鲁纳对于螺旋式课程的阐释是,当老师教授一个主题时,从学生能理解的"直观"解释开始,一段时间后再回过头来用更正式或更具结构化的方式做进一步探索论证,经过足够多的反复,学生就能完全理解和掌握这个主题。

焦点讨论法是能够扩展学生能力和意识的有力工具,借助它的课程设计可以把知识教授给相应发展阶段的儿童。即使让小学生围绕第二次世界大战展开研究和讨论也是可以实施的,从具体到抽象,从简单到复杂螺旋式推进,让小学生初步了解、分析和判断战争这类融合政治、历史、军事、经济、科技、种族、人道主义等诸多因素为一体的深奥、复杂、有重要现实意义的概念。

焦点讨论法课程示例中客观地承认有很多问题不是通过一次或几次讨论能够解决的,比如粗鲁行为和欺凌行为、同辈压力、纪律问题、惩罚性措施尺度,诸如此类难解的问题都属于螺旋式课程。

依据螺旋式课程逐步、反复推进的观点,焦点讨论法的运用去除了课程内容设置的年龄和身份的局限,使综合性课程的实施成为可能。

🌱 结语

只有在通过示例研究理解了支撑焦点讨论法的教育理论基础的前提下去使用这种工具和方法,才会有民主的讨论氛围、不强加于人的讨论原则以及不急于求成的讨论目标。

生活教育之现实意义

——读《陶行知论生活教育》有感

在《陶行知论生活教育》书中，陶行知主要阐述了"教学做合一""行是知之始，知是行之成""生活即教育，社会即学校"等生活教育的观点，其中有对办学经验、教训的总结，有对八股及会考制度的抨击，有对发挥学生主观能动性的"小先生制"的阐述，也有对中国教育及国家命运的深刻思考。同时编写者通过导读帮助读者联系现实情况理解陶行知的生活教育理论，激发读者对教育现状的思考。

陶行知认为传统教育与生活教育的区别是："传统教育，是吃人的教育；生活教育，是打倒吃人的教育。"

传统教育的"吃人"有以下两种"吃法"。

一是"教学生自己吃自己"。"他教学生读死书，死读书；消灭学生的生活力，创造力；不教学生动手，用脑。在课堂里只许听教师讲，不许问。"学生"再加以要经过那些月考、学期考、毕业考、会考、升学考等考试，到了大学毕业出来，足也瘫了，手也瘫了，脑子也坏了，身体的健康也没有了，大学毕业，就进棺材。这叫作读书死，这就是教学生自己吃自己"。

二是"教学生吃别人"。"传统教育，他教人劳心而不劳力，他不教劳力者劳心。""劳心者治人，劳力者治于人。""教人升官发财，发谁的财呢？就是发农民、工人的财，因为只有农人、工人才是最大多数的生产者，他们吃农民、工人血汗，生产品使农民、工人自己不够吃，就叫作吃人的教育。"

陶行知是伟大的教育家、思想家和改革实践家，在 1891 年到 1946 年的 55 年的人生历程中以不屈不挠的意志和无畏的改革精神给中国近代教育指明了方向，留下了宝贵的精神财富。他无情抨击的传统教育的一些弊端，在当今仍然普遍存在，我们应该深刻反思和警醒。课堂上教师是不是还在照本宣科，不敢突破，不敢偏离，死抠考点，将鲜活的知识变成程序化的记忆和答题技巧操练？这样的课堂表面上看秩序井然，按部就班，应付同样程序化的试题也立竿见影。然而在这种流水化操作中,学生没有机会充分感受到作为个体的学习需要被关注和满足。有些思维活跃的学生往往容易"忘乎所以"地"天南地北"地漫谈,他们只有在公开课上能获得施展的机会,为展示课增加亮点,而在平时他们往往是不怎么受待见的学生,因为他们不是守规矩的"乖学生"。

如果他不是公认的教育大家,陶先生发表观点时所用的措辞,比如"传统教育,是吃人的教育""大学毕业,就进棺材",可能也会被归为胡言乱语、异想天开。他的名言"千教万教教人求真,千学万学学做真人"跟他尖锐的措辞是那么契合,因为求真所以他敢于说别人不敢说的话,抨击时下大众都在做着的事。虽然仅凭他一己之力是无法力挽狂澜,打破教育的怪现象的,但跟他并肩战斗的有千万个陶行知。比如当时的宝山县教育局长冯国华先生,他打算在当地普及生活教育,于是写了一个计划,呈到省政府,结果他被撤职查办。冯局长为什么要放着大好的前程不珍惜,非得搞弄丢乌纱帽的改革?可是如果人人明哲保身,将自我利益最大化,将教育工作者的使命最小化,我们的教育将是怎样一副可悲的模样?

所谓伟人就是能跳出小我,不畏排挤、迫害和牺牲,着眼民族发展和人类命运的英勇志士。这样的人才经得起历史的考验,才能振奋人心,鼓舞起万众前进的斗志。

始于问题，止于更多问题

—— 读《教育新理念》有感

中国教育科学研究院原院长袁振国教授在他撰写的《教育新理念》一书中提倡"以问题为纽带的教学"，认为"创造始于问题"。他从教育科学的发展史、中西方教育观念的差异，以及创新人才的培养成效对比多个角度阐述了"问题"在教学活动中的核心位置。

🌱 教学步骤的对比

传统教育学代表人物、德国教育学家约翰·弗里德里希·赫尔巴特与现代教育派代表美国教育学家约翰·杜威对教学步骤的划分对比如表1所示。

表1　约翰·弗里德里希·赫尔巴特与约翰·杜威划分教学步骤的对比

步骤	赫尔巴特	杜威
1	给学生明确地讲授新知识	设计问题情境
2	新知识要与旧知识联系起来	产生一个真实的问题
3	做概括和结论	占有资料，进行必要的观察
4	把所学知识用于实际（作业）	有条不紊地利用所想出的方法解决问题
5	—	检验或验证解决问题的方法是否有效

从以上对比中有下面两点发现。

一是约翰·杜威的教学步骤中有一个独特的环节，即要"产生一个真实的问题"。

这个问题是学生自己产生的问题，而不是教材中规定的问题，不是教师提出的问题，不是为提问题而提出的"假"问题。杜威认为除了探究，知识没有别的意义。知识不是固定不变的，它既是一个探究过程的终点，又是另一个探究过程的起点。而中国传统的衡量教学成效的标准是，将有要问的问题的学生教育得没有要问的问题，他们对所学知识全懂了。这样做的结果是，学生年级越高，提出的问题越少。

二是约翰·弗里德里希·赫尔巴特教学步骤的最后一步"用于实际"恰巧是约翰·杜威教学步骤中的第一步"问题情境"。

从这一点可以看出,目前推广的翻转课堂模式即寻找问题、发现问题、分析问题、解决问题,与约翰·杜威的教育理论是吻合的。由以往的传授知识到现在的问题引领下的探究知识,这种转变要达成的目标是"不要把文采飞扬的语文课变成生词抄写课;不要把真情实感流淌的作文课变成格式化的仿写课;不要把音乐课变成乐谱记忆课;不要把美术课变成横平竖直训练课"。

🌱 没有问题的教育塑造出没有独立思考能力和创新精神的学生

《教育新理念》书中有个案例:一位老师在幼儿园的黑板上画了一个圆,让小朋友们想象一下是什么。两分钟内他们说出了22种答案,苹果、月亮、烧饼、老师的大眼睛……同样的实验在大学做,两分钟过去了,没有一个大学生发言。大学生都在揣摩标准答案是什么,不愿当众出丑,他们关心的不是自己怎样看问题、想问题,而是老师怎样看问题、想问题,老师期望的答案是什么。经过小学、中学漫长的打磨,很多大学生的创造性被所谓的标准答案取代了。

反观课堂教学,老师设置的问题大多来自教学参考书,答案也已经提供,开放性不足,没有留出发散性思维的足够空间。或者为了保证课堂教学预定环节的顺利进行和课堂节奏的紧凑性,学生往往没有获得可以自由发挥的时间和机会,老师也不太希望学生说一些与标准答案相左的观点,能一语中的、节省课堂时间的学生总会得到青睐。在实在没有学生能准确地说出标准答案时,老师也会下定决心用各种方法在课内解决问题,不会留下任何悬而未决的问题。

袁教授举的一个案例,使我们认识到这样周全地解决问题的做法其实反倒成了教育的"问题"。上海一所重点中学的一位优秀特级教师,为来访的美国科学教育代表团展示了一节高中物理课,课堂上教学目的明确,内容清晰,方法灵活,有理论,有实验,老师提问,学生回答,师生互动,气氛热烈,老师语言准确简练,时间安排得当,近百名听课老师掌声雷动,五位美国客人却没有任何表情。他们反问:"老师问的问题,学生都能回答,这堂课的作用是什么?"他们认为本应该是学生带着问题走进教室,带着更多的问题走出教室才对,或者也可能是老师带着没有回答出的学生的问题走出教室。在网络技术发展的推动下,知识在加速更新,学习的方式便捷多样,各个学科的老师可能会被充满求知欲和见多识广的学生问倒,这无可厚非,不丢面子。随着素质教育的深入贯彻,考试成绩对老师教学质量的评估将会弱化,研究解答学生千奇百怪的问题将成为老师们专业发展的主要挑战和动力,而这些千奇百怪的问题的不断提出正是创新人才成长的营养和基石。

  我如获至宝地读着这本《教育新理念》,一边品味,一边思索,书中的新理念贯彻于教学实践中需要哪些必要的条件呢?比如与之配套的各种考试形式能否做到公开、公平,怎样促进全体而不是仅仅部分教师素养提升和观念转变,干得不好扣工资、扣奖金、末位淘汰等类似流水线生产的管理方法搬到学校行不通,那么什么方法行得通……

一本费神但值得品味的书

—— 读《老师的力量》有感

静下心来读了一本比较难读懂的书,《老师的力量》。这本书收录了梁实秋、梅兰芳、丰子恺、季羡林等文化名家追忆恩师、怀念学生时代的文章近40篇。之所以难懂是因为作者并不是通篇赞颂,而是以白描、纪实的手法写出他们和老师们相处的真实经历,点点滴滴。这些文章中对老师的行为有褒有贬,需要读者边读边判断哪些是正确的、可以借鉴的,哪些是错误的、要去修正的。

印象特别深刻的有两篇文章。

第一篇是现代文学名家梁实秋的《我在小学》一文,作者深情追忆了他上一年级时的班主任周老师。周老师教国文、历史、地理、习字,他非常认真负责,主要表现在以下几点。

一是在历史、地理方面,周老师在课本之外另编补充教材,如鸿门之宴、泗水之城、安史之乱、黄袍加身、明末三案此类的史料,每次上课之前将这些补充内容密密匝匝地写满两块大黑板,从不占用上课时间去写黑板。

这一点正是与现在所倡导的校本课程、自编教材、活学活用课本的做法一致,周老师在那么多年前就在做这件事了。不占用上课时间在黑板上补充内容体现了老师对教学工作的无私投入,不计较所花费的时间,只在乎达到好的效果和高的效率。

二是对于习字一项,周老师也是特别注意。他的字属于柳公权一派,他要求学生写得横平竖直,规规矩矩。从这一点可以看出周老师具有扎实的书法功底,并对习字这一基本技能的培养非常重视。

三是周老师特别注意生活上的小节。例如,学生纽扣是否扣好,头发是否梳齐,以及说话的腔调、走路的姿势,他无一不加以指点。他布衣布履,纤尘不染,走起路来目不斜视,迈大步昂首前进,讲起话来和颜悦色,永无戏言。

这与现在学校重视的礼仪常规教育是不谋而合的,而且他的要求切合学生实际,很直观也很具体,老师的言传身教更是为学生树立起身边的榜样。

第二篇文章是 20 世纪中国最著名的京剧表演艺术家之一梅兰芳撰写的《看戏观摩，转益多师》。从这篇文章中可以看出一位艺术大师求学若渴的谦逊态度和执着精神。

梅先生说："我在艺术上的进步与深入，很得力于看戏。"他在幼年时很喜欢看谭老板（谭鑫培）的戏，当时扮老生的演员大都身材魁梧、嗓音洪亮，唯有谭老板的扮相是那样瘦削，嗓音细腻悠扬，眼睛目光炯炯，一登台就把全场观众的注意力都吸引住了。我想梅先生从谭老板身上领略的应该是一种敢于突破和标新立异的精神和品质吧。

梅先生还从另一位叫黄润甫的老前辈那学到了很多。黄润甫无论扮什么角色，即使是最不重要的，他也一定会聚精会神、一丝不苟地表演。观众对他的印象非常好，总是报以热烈的掌声。假如有一天，台下没有反应，他卸妆之后就会懊丧到连饭都不想吃。当时的观众都叫他"活曹操"，是因为他演曹操时，着重的是性格的刻画，绝不像有些演员那样把曹操演得那么肤浅浮躁，而是用不同的手法来表演：他描摹《捉曹操》里的曹操，展现出一个不择手段、宁我负人的不得志的奸雄形象；他描摹《战宛城》里的曹操，就做出了他在获胜之后沉湎酒色的放纵神态，可是绝不是一个下流的登徒子模样；他描摹《阳平关》里的曹操，就俨然是大气磅礴的魏王气概了。梅兰芳从他身上学到的有作为台上的演员对观众反应的重视，同样，我们当老师的也要像他一样重视课堂中学生的反应，教学设计的好坏应该以学生的反应作为衡量的重要标准：学生认可老师的课则会以积极的态度回应，甚至从老师踏进教室时起学生脸上就表达出对这位老师的欢迎程度；如果学生见到老师来上课的眼神是黯淡的，老师就应该反省自己，而不是把责任都归咎于学生。

黄润甫对曹操性格的不同演绎对我们也有启发性，比如对于我们教过多年的教材是不是可以常教常新，两次备课甚至三次备课呢？我认为梅兰芳在艺术上的卓越成功就是在虚心学习诸位老艺人的表演经验和执着精神的基础上获得的。

教育工作者既要像梁实秋笔下的周老师那样为师，又要像梅兰芳一样做不断用心学习的学生。

主动学习教育的可行性操作

《教育科学与儿童心理学》这本教育著作是由瑞士教育学家让·皮亚杰的两篇论文构成的，一篇写于 1935 年，另一篇写于 1965 年。第二篇的写作时间距离现在也近 60 年了，书中的论述和观点却是当前中国教育仍在积极倡导和推广的，比如"把儿童看作主动学习者、考虑到儿童天性、利用儿童特有的规律及心智发展固有的自发活动来促进儿童适应环境"等。原来让·皮亚杰正是主动学习教育理念的先驱者，他用了一生的时间追问和思考孩子是如何认知的，而不是孩子认识、知道什么以及何时会知道。这种反其道而行之的、不懈追求教育真谛的勇气和毅力令人钦佩，发人深思。

阅读这本倾注了让·皮亚杰一生精力研究的教育专著，我无法在短时间真正理解领会全书的内容，所以只是选择性地标注出一个观点、一个片段、一个章节。

一个观点是：学业负担过重的问题从根本上说是违背儿童认知发展规律、损害学生身心健康的揠苗助长的行为。我想到了曾经发生在自己身上的一件事。有一天我在学校走廊护导，因为急着把试卷发给学生改错，所以一边护导一边批改试卷。这时隔壁班级的两个女生停下来问我："老师，你让他们把错误改几遍？"我说错哪改哪，改一遍，但是要记住。两个女生张大了嘴巴说："这么好啊，我们老师让改好多遍。"我说："我正在考虑是不是改一遍有点太少了，要不要多改几遍。"两个女生说："老师你一定不要改变现在的做法，其实我们改那么多遍的时候根本没有在记，都是写完后又拿出时间背过的。"当时两个女生那种鼓励我坚持现的做法的眼神至今留在脑海里，我想严厉的惩罚可能会立竿见影，完全没有罚抄的英语教学效果会怎样我拿不准，但是在听到女生的心声之后我决定继续尝试下去。可喜的是从几个月后的测查情况来看，这样的做法收到的效果还是不错的。

一个片段是：如果学业评估侧重学生对某一材料的理解程度的话，是可以接受的，可是考试中还有许多知识记忆的问题，而且这些知识与日常生活没什么关系，它们多是一种人为的、暂时的知识积累。我将这个片段跟"古代语言的教学和人文学科的问题"那个章节结合起来研究。经常会有一些对英语不擅长或不喜欢的学生很苦恼地问为什么要学英语,学英语有什么用,老师往往有两种回答,一是英语有利于国际交流,二是英语是重要的升学考试科目。让·皮亚杰认为学习古代语言的目的更多的是领会古人的思想,希望学生能多花点时间来阅读作品而不是学习语言本身。由此我想到,英语的学习也是类似的,应该多让学生接触和阅读英文绘本,让学生了解其他国家的文化和思想,而不是将学习精力都放在机械记忆上。当然,如果最终的测试还是机械记忆占到80%甚至更多的比重的话,是很难让老师拿出足够多的时间去做这样的事情的。所以学科教育改革真的是一项系统工程,需要统筹规划。可喜的是前不久青岛六年级的区域统一质量检测采取了阅读单项测试的方式,或许这是皮亚杰教育理论对教育指导和管理层面开始产生积极影响的一个端倪吧。

走出舒适地带，再攀一个台阶

—— 读《从优秀教师到卓越教师》有感

"教学，经常被当成一种只需要少量专业知识的职业，它日复一日地重复，看上去甚至和 30 年、40 年，或者更久之前的教学设计没什么差别。还好，医学不是。"《从优秀教师到卓越教师》一书中的这段文字引起我的不安和思考。医学医身，教育医心。身体出现的问题需要依靠医学的发展来解决，心灵的问题需要依靠教育的发展来解决。如果从事教学的老师套用、固守习惯了的教学方式，的确会感觉比较轻松，在不违反教师规范的情况下也可以走过几十年的职业道路。但这种无风无浪、无波无痕的职业生涯中，老师会产生厌倦苦闷和卑微空虚感，体会不到成就感和愉悦感。随着时间的流逝，老师对教学方式进行改变的勇气不断被削弱，停留在不太舒适的舒适区止步不前。这种状态无论是对学生还是对老师本人都是有害的。

即使有了以上的认识，没有找到改变的方法也是于事无补的。所以老师要多读书，这里我推荐大家读《从优秀教师到卓越教师》，读了它你就会知道如何从合格教师变成优秀教师，如何进一步从优秀教师变成卓越教师。当我努力从书中的各个章节搜寻教学方法和技巧时，竟发现了很多操作性强的做法，诸如巧妙安排学生的座位、课堂规则不宜超过 5 个、不要让学生知道老师在生气、哪些是可以忽视的学生课堂行为等。打开这本书感觉就像开启了锦囊团，很多教学中遇到的困扰都能从这本书中找到相应的妙计。对我最有启发的是一份选择问卷（表1）：如果有人要求你的学生根据下面的选项来形容你，你觉得学生会做出怎样的选择呢？

表 1　问卷表选项

序号	选项一	选项二	选项三
1	亲切	严肃	介于两者之间
2	快乐	不快乐	介于两者之间
3	充满活力	沉闷	介于两者之间

序号	选项一	选项二	选项三
4	热爱教学	不喜欢教学	介于两者之间
5	有专业素养	没有专业素养	介于两者之间
6	很擅长教学	不擅长教学	介于两者之间
7	积极	消极	介于两者之间
8	冷静	紧张	介于两者之间
9	井然有序	紊乱	介于两者之间
10	使学习变得有趣	使学习变得无趣	介于两者之间
11	受人尊敬	受人轻视	介于两者之间
12	信任我	不信任我	介于两者之间

起初看到这份表格，我的内心也产生了一些疑问，比如序号1的选项一"亲切"应该是卓越教师的特点吧，但是选项二"严肃"不好吗？严肃不是有助于树立起教师的权威形象，有助于班级的管理和课堂上的组织教学吗？在我19岁第一次当班主任时，我决定跟学生第一次见面就要给他们来一个下马威，留下"这个老师虽然年轻但很严厉"的印象。我板着脸宣布严格的班级规则，对于犯错的学生批评、惩罚双管齐下，果然这些二年级的学生被吓住了，偷偷地议论"这个老师真厉害"。他们服从我，甚至听到走廊上老师的脚步声就赶紧安静下来。对我敬而远之，我们之间的师生关系一点也谈不上和谐，只有管教和被管教，没有心与心的互动交流。历经数年，在反思和痛定思痛之后，我才逐渐去掉了那份不自信的严厉，严肃的我算是上升了一个不小的台阶。记得几年前有个学生曾对我说："老师，你不严厉，但你很严肃。"我一直把这句话当成夸奖，并将其作为一种震慑力经常得意地说给后面接手的班级听。

当我带着疑问仔细推敲问卷后面的内容时，发现这个问题的答案其实就在同一张问卷上。老师如果热爱教学并擅长教学，能使学习变得有趣并井然有序，那么充满活力又受人尊敬和信任的他又怎么会总是一副严肃的样子，自然会是快乐而亲切的。所以从严厉到严肃，从严肃到亲切，这是教师由新教师、合格教师成长为优秀、卓越教师需要经历的。要做这样的改变就要不断走出目前的舒适区，再攀一个台阶。当你的学生选择序号12后面的选项一时，你就毫无疑问地成为一名卓越教师。

放下······站立

—— 浅品余秋雨所著《文化苦旅》

读《文化苦旅》之前,我对余秋雨的认识是两个身份:一个身份是青年歌手大赛综合素质环节的评委,他的点评成为青歌赛的一大亮点;第二个身份则是"黄梅戏皇后"马兰的丈夫。

读了《文化苦旅》之后,我更全面地了解了余秋雨。20世纪80年代他被委任上海戏剧学院院长,当时他三四十岁,是中国最年轻的高校校长,出任上海市中文专业和艺术专业教授评审组组长。令人不解的是,20年前他毅然辞去一切行政职务,退出一切官方协会,孤身一人自费去寻访中华文明被埋没的重要遗址,冒着生命危险穿越数万公里考察了巴比伦文明、埃及文明、克里特文明、希伯来文明、阿拉伯文明、印度文明、波斯文明文化遗迹。

🌱 书名的含义

书名中"文化"指的就是上面提到的古文化,"旅"是余秋雨作为一个人文学者抵达这些文化遗址现场进行的考察之旅。为什么是"苦旅","苦"在哪里?

诽谤之苦。20年的旅行中,经常有嫉妒他的成功和成就的人诽谤他,当年职称评选失败的人怨恨他,通过媒体报刊诋毁他。他曾撰文笑问过一家报社的社长:"贵报20余年锲而不舍地编造我的生平,今天请你告诉我,哪一句是真的?一句,只要一句。"

连累之苦。因为余秋雨本人的名誉被伤害,也牵连到家人,父亲气愤郁闷而死,妻子马兰也失去了工作。

冒险之苦。他曾坐在一条小船上扳着船帮,抓着缆绳,在惊涛骇浪中穿过目前所知地球上最深的海沟马里亚纳海沟所在的海域,还冒着危险探访中东地区。

创作之苦。对于一个文化人类学的研究者来说,恶劣环境使身体经受的苦远远抵不上创作中付出的艰辛。《文化苦旅》是余秋雨在实地考察基础上,不懈地研究而创作出的视角、见解、观点独特的专著。

📖 书中的精髓采撷

第一，有着五千年历史的中华文明是所有的古文明中唯一没有中断和湮灭的古文明。这大概有以下五个方面的原因。

（1）天然的地理封闭结构使中华文明避免了与其他几个大文明的恶战，而那些古代大文明大多在彼此互侵中先后灭亡了。

（2）中华文明也受到过周边少数民族文明的入侵，但它们都算不上世界级的大文明，与中华文明构不成等量级对峙，反而一一融入了中华文明。

（3）中华文明统一又普及的文字系统有利于交流和传承。

（4）中华文明缺少宏大而强烈、彻底而排他的超验精神。这是一种遗憾。

（5）科举制度在当时保障了用人唯才的社会秩序，避免了文化的失记。

第二，文化名人鲜为人知的经历、遭遇和启示。一座杭州城使两个伟大的诗人白居易和苏轼"转行"。他们在杭州做官时，没有为杭州的美丽写过不朽的诗句，而是完全展现了水利专家和城建专家的风姿。杭州本没有天然的美景，西湖完全是人力创造出来的，这两位大诗人的文章就写在废田还湖、深挖湖底、泥筑苏堤、建造堰闸、疏浚运河这些工程上，因为没有了西湖的水源，杭州也将不复存在。这种务实的思想，这种先有生态、后有文化的理念，被伟大的诗人雄辩地演绎着，他们无心写诗，转而成了可歌可颂的生态救护者。就是这样超时代的苏轼，本应是他所处的时代的无上骄傲，怎知竟然被人排挤、陷害，一群大大小小的官僚对他诗中的词句上纲上线，说他在很多诗中对朝廷不满不敬，当时的皇帝宋神宗深知苏轼的才华，但突然之间出现了如此多的批评苏轼的言论，皇帝为了维护自己尊重舆论的形象，将苏轼打入大狱，后来将其流放。流放期间，苏轼"平生亲友，无一字见及，有书与之亦不答"。难言的孤独使他洗去了人生的喧闹，苏轼寄情于无言的山水，去寻找远逝的古人，千古杰作《念奴娇·赤壁怀古》《赤壁赋》产生了。

在余秋雨笔下，我们可以近距离地了解与他患难与共、惺惺相惜的老朋友、忘年交。有80多岁功成名就，仍然想天天拿着话筒指挥现场的导演谢晋；和蔼可亲、大胆说话的巴金；还有萧伯纳的爱徒，抗日战争时期从英国归国的、戏剧家黄佐临先生。他们坎坷多难的命运让我们感慨、惋惜，他们的才华成就让我们仰视，他们作为普通人的欢喜、烦闷、纠结是那样的真实生动，感觉好像我们可以借着《文化苦旅》倾听他们的心声。

🌱 放下之后的站立

关于余秋雨本人的经历，书中多次出现诽谤、指控、追问、自辩、无力等字眼，在他数十次的请辞后终于辞去所有的职务，也就是他放下了围绕自己的所有光环之后，却意外陷入了群起攻之、百口莫辩的泥潭，读到这里我很是为他感到揪心，生怕他因为不公而愤怒，因孤立而退缩。让我释然的是余秋雨最后的选择是不反击、不分辩，尽管他是数届国际演讲比赛的评委，口才卓越。他甚至选择不去伤害诽谤他的人，虽然受伤的是他自己。这是他的第二次放下，需要的勇气不少于第一次，放下得更彻底。

这样的放下不仅让信任、敬慕他的人更加坚定地站在他的一边，也使对立的人挥出的拳头显得苍白无力、滑稽可笑，这就是智者和勇者对挫折和伤害最有力的回击。

令人欣慰的是社会对这样的余秋雨没有抛弃和遗忘。2002年，余秋雨又重新站立起来。他远赴美国哈佛大学、耶鲁大学、纽约大学、联合国中国书会讲授"中华宏观文化史"掀起极大反响。上海市教委颁授成立"余秋雨大师工作室"。余秋雨还担任了中国艺术研究院"秋雨书院"院长、香港凤凰卫视首席文化顾问、澳门科技大学人文艺术学院院长。

合上书，我知道我还会再次翻开它，当我感到孤独，当我感到怀疑，当我想要退缩，当我想要寻找更多答案的时候。

在战乱中赎还儿时犯下的罪责

——读《追风筝的人》所感

起先,《追风筝的人》这本书的名字并没有引起我太大的兴趣,单看书名应该写的是孩子的故事吧,似乎有些幼稚、简单,跟成年人不搭界。带着漫不经心、试试看的想法,我开始了阅读。

这本书的作者是现居美国的阿富汗医生卡勒德·胡赛尼。故事有三条线索,一条是人物的心理,一条是国内外战争,一条是民族文化习俗。三条线索的巧妙链接显示出这位医生作为一名业余作家的写作天赋。这本书的读者有几千万。

人物的心理描述是故事的主线。人之初性本善还是性本恶的问题一直在争议中,这本书同样没有做出判定,只是真实地还原了人性本来的模样。故事发生在阿富汗一个贵族庄园里,主人翁是一个叫阿米尔的男孩。他敏感、矛盾、善恶交织的品性是很多人成长的翻版。阿米尔喜欢跟仆人阿里的儿子哈桑一起玩耍,哈桑是如此谦卑和恭敬地仰视着他。恶作剧的主意都是阿米尔出的,哈桑尽管不情愿但也总是照办了,类似于用弹弓射向独眼的德国牧羊犬,受责备的自然是哈桑。阿米尔一心想得到威望极高的父亲的赞赏,但是他天性懦弱,没有继承一点父亲豪爽、仗义、勇猛的秉性。尽管他的功课很不错,还会写小说,但这些并没有让父亲在意,阿米尔猜想或许是因为父亲深爱的母亲因为生下他时难产死去,而从心底里迁怒于他吧。父亲跟仆人阿里感情深厚,对阿里的儿子哈桑也格外欣赏和疼爱,例如,哈桑的每个生日父亲都记得很清楚,并送给他很特别的生日礼物。就这样一方面阿米尔跟哈桑形影不离,情同手足,另一方面他对于父亲对哈桑的宠爱却隐隐地不悦。他一边享受着哈桑的仁厚、善解人意、忠心耿耿,一边又心存妒忌。阴暗的思想是不易被察觉的,在别人看来,他俩在一起是如此亲密和开心,少爷对待仆人的儿子没有丝毫的歧视和疏离。阿米尔想通过在放风筝比赛中夺得冠军以得到父亲的赏识,哈桑懂得少爷的这一想法,他配合少爷拼命地切断了所有对手的风筝线之后,为了让比赛成果更加圆满,还奋力追赶最后一只被切断坠落的风筝。他追到了,但是在回来的路上,被以前他俩得罪过的恶魔般的少年报复性地强暴了,追寻而来的阿米尔远远地目睹了这悲惨的一幕,却不施援手,假装没有到过事发现场般逃离而去。令阿米尔自己都觉得可怕的是,他并不是单纯地惧怕手持凶器的恶少,而是在他内心深处希望哈桑因此而变得不再完美,从此失去父亲的宠爱。尽管敏锐的哈桑知道了少爷当时的行为,却选择了沉默和原谅。伤害一旦开始,便很难停下,即使知道哈桑的隐忍,阿米尔还是在惶恐和悔恨之后,又对哈桑进行了一次栽赃诬陷。哈桑为了不揭穿少爷,竟然将偷窃少爷手表的罪名承认下来。出乎阿米尔的意料,最厌恶盗窃行为的父亲居然原谅了哈桑,没有赶走他,但仆人阿里了解儿子的苦衷,为了保护哈桑,阿里还是带哈桑离开了庄园。

　　阿富汗国内外战争也是故事发展的重要线索。因为战争,阿米尔随父亲颠沛流离逃亡到美国;因为战争,哈桑被父亲以前的朋友召唤回到庄园,打理荒芜的院子,修复损毁的围墙;因为战争,哈桑和他的妻子死去了,后来,他们唯一的儿子被以前伤害过哈桑的恶徒从孤儿院中用几块硬币带走并遭到变态的玩弄和囚禁。

　　民族文化习俗这条线索似乎不是那么明显,但它是阿米尔返回阿富汗的情感基础。阿米尔跟随父亲在美国谋生时与同样逃亡来的阿富汗同胞一起维修和倒卖廉价商品,他的新娘也是一位阿富汗姑娘。从少年到青年,那些传统习俗围绕、伴随、影响着阿米尔,正是这种将民族血脉紧密相连的习俗,让他在接到父亲留在阿富汗朋友的电话后,带着愧疚和赎罪之心,穿越炮火重返故地,深入恶徒的住所,经过殊死较量,救回了哈桑的儿子。而有讽刺意味的是,在这期间他获知了哈桑竟然是他同父异母的弟弟,这个孤儿是他的侄子。这也揭开了阿米尔童年时期一直备受困扰的问题的谜底,为什么父亲一直宠爱哈桑,英雄般伟岸的父亲没有勇气承认自己的过错,只能让哈桑身份卑微地存在着。

　　故事的高潮没有停留在阿米尔把侄子带出阿富汗。在土耳其伊斯兰堡美国大使馆,因为收养法律的限制,阿米尔把侄子带到美国受到了阻碍,只能暂缓。那个觉得自己被恶徒玩弄变脏了的、可能又要被遣返回阿富汗的男孩陷入绝望,选择了自杀。在医院抢救时,阿米尔跪了下来,终于谦卑地承认了自己曾经对哈桑犯下的罪孽,全心祈祷真主拯救濒临死亡的男孩,给他一个向童年时最亲密却伤害最深的哈桑的赎罪的机会。男孩最终活了下来,但从此了无生趣,即使终于到了美国,有了新家,也一言不发,将自己与外界完全隔绝起来。

半年后,当阿米尔及家人等对男孩做出的所有努力均告无效之后,命运又是那样奇妙地轮转回来。有一天,男孩对偶尔飘过的风筝好像产生了一点反应,阿米尔又再一次像取悦自己的父亲一样用力地放飞风筝,用古老的计策斩断别人的风筝线。一丝微笑不经意地飘过男孩的嘴角,于是阿米尔像哈桑小时候为他做的一样,拼尽全力地去追赶从高空落下但不知会被风吹到哪里的风筝。这个画面如此的熟悉,仿佛与哈桑的身影重叠在一起,这是阿米尔对儿时所犯罪责痛彻心底的悔悟和救赎。

珍爱亲人,忠于友谊,渴望和平,归属民族,这就是作者通过这本书向我们传达的信息,希望有更多的人能够接收到,并用各自的方式将其传播出去。

第三部分
实践求真

3

不同的语言，同样的深情

—— 英语教学中爱国主义情感的升华

教材

外研版《英语》（四年级上册）Module 5 Unit 1 "We Went to The Great Wall"。

教学目标

教师通过对一次郊游活动的描述来教授不规则变化的动词过去式,适合采用情景教学法,把动词过去式的教学融入情景描述中让学生学习、理解、运用,从而达到掌握的目的。学生以自己的旅游经历为素材,运用所学语言知识描述祖国大好河山,同时激发起爱祖国、爱家乡的美好情感。

教学重点、难点

理解、记忆过去式动词,并能将其恰当地运用于描述他人及自身的旅游经历。

教具

单词卡、课本配套光盘、教师自制课件。

学具

家庭旅游照片。

教学过程

热身环节的设计与分析

设计实录:"Two weeks ago, we had National Day. Let's sing a song about it. OK?"歌曲中哪些词是动词的过去式?找找看(动词原形后直接加 ed 的是有规律变化的过去式)。今天我们将继续学习用过去式来描述旅游经历。

分析:在热身环节,我先请学生跟随欢快的曲调演唱 *Today is National Day*

（《今天是国庆节》），让学生在体会国庆节的节日氛围的同时，也自然地涌起对祖国的热爱。另外也提出了查找过去式动词的任务，以便将情感教育与知识学习结合起来。

导入环节的设计与分析

设计实录："I like trips. I have some pictures of a trip. Would you like to see?（Show some pictures of the teacher's trip. ）… We climbed a mountain… Do you know where we went?"

分析：在导入环节，我通过大屏幕出示并介绍了自己去新疆旅游的照片，照片中有静谧如画的天池，有巍峨旖旎的天山，有跳民族舞蹈的美丽姑娘，也有令人垂涎欲滴的瓜果……由此引发学生对于祖国大好河山的向往与感叹。

呈现环节的设计与分析

设计实录："Yesterday, Sam and Daming had a trip too. It was a school trip. Now listen and find out where they went. " Vs："They went to the Great Wall. / Read 'the Great Wall'. / Let volunteers read and interpret the topic，then in chorus. " went 是 go 的过去时，表示"去过"。

"They went to the Great Wall. And what did they do on the Great Wall? Open your books and listen again. / Can you put the card to the phrases? Teacher says 'ate…'，Vs will say 'ate apples'. / Watch and analyse 'climbed'. It is regular past tense，and the others are not，So they are more difficult. But don't worry. "

"Who went to Beijing, too? What did you see there?"

分析：学生看到和听到的是 Daming、Sam 和 Father 到长城郊游活动的对话，长城作为世界著名文化遗产一直是中华民族的骄傲。紧接着我请去过北京的学生用本节课新授词汇和句型为大家介绍北京之行的所见所闻、所感所悟。这些发言中无论是对故宫、颐和园壮美的赞叹还是对外掳焚毁圆明园的愤慨都源自宝贵的民族感情。我从全体学生专注的眼神中可以体会到他们内心受到的感染和触动。

巩固拓展环节的设计与分析

设计实录："Amy and Sam had a trip in our most familiar city. Read the topic. Look at the pictures, ..."这些图片都与他们的旅行有关,请你展开想象的翅膀,用本节学的过去式来描述他们的青岛之旅。小组讨论一下。"Let's have a competetion between boys and girls. "(Every idea and every student who takes part in will get a mark)

分析:在巩固拓展环节,我设计了一个融比赛、合作于一体的练习。"Amy and Sam had a trip in our most familiar city. "(Amy 和 Sam 到了一座我们最熟悉的城市旅游。)"你们知道是哪个城市吗?"学生异口同声地回答"Qingdao"(青岛)。随后我提供了几幅有代表性的家乡及其特产的图片,如崂山、栈桥、海底世界以及海鲜、绿茶,让学生们分组讨论、想象两位外国小朋友的青岛之旅。学生们用英语亲切地谈着自己可爱的家乡,那种动情、愉快、自豪、热烈的表情,让人感受到他们对家乡的热爱溢于言表。

🌱 课后反思

本节课主要运用情景教学策略,将过去时的主要句型运用于描述老师和学生亲身经历的假日旅行,通过图片及关键词语的提示让学生进行有意义的交流,学生带着对祖国大好河山的热爱与自豪积极运用词汇和句型进行表达,充分复习和巩固了新教授的过去式用法。

本节课突出了学生的主动探究,对于过去式的动词变化和疑问句的主要结构相关内容都是在大量具体实例的练习之后由学生进行自主的归纳和总结的。学生小组间的合作学习,既解决了看图说话的难点,又使各层次的学生得到了发展。学生在交流各自旅游经历时,也开阔了眼界,升华了情感。

英语课上老师不能单纯地带领学生为学习语言而学习,而应该把英语课堂作为师生间、生生间情感上沟通和交流的地方,作为德育教育的有力阵地,应深挖教材中的德育因素、情感因素,将它们与英语知识的学习有机地融合,培养德能兼备、身心和谐发展的新一代。

细分析，精提炼，串讲解

—— 适合较长语篇的英语教学法

长期以来，我研究英语教学法的目标就是为了留住每位学生的学习愿望。在追求这个目标的过程中，我将一些做法和心得概括成"细分析，精提炼，串讲解"教学法。从效果来看我任教的班级中越来越多的学生是在愉悦的环境中学习英语的，无论他们目前的成绩好与坏，很多学生原本的消极情绪和呆滞的眼神都消失了，这个教学法显现出了积极的影响。

本教学法的理论依据

教学是师生双方的共同活动，教师的活动和学生的活动是紧密联系的。其中学生的活动在很大程度上取决于教师如何教以及如何指导学生学。"细分析，精提炼，串讲解"教学法将研究的侧重点确立在研究教师如何教好、发挥好主导作用这个方面。

本教学法提出的背景

第一，在教授小学中高年级较长篇幅的课文时，如果将词汇、语法、句型、语篇等"眉毛胡子一把抓"，同时还要学生完成必要的相关练习，往往会课堂时间不充足。

第二，《义务教育英语课程标准》（2022）要求教材编排"滚动复现"和"螺旋上升"，新旧知识存在明显的联系。

第三，小学中高年级学生的学习出现分化现象。

教学法的描述（结合具体课例解释）

环节一："细分析"。其意指详细解读、分析教材文本内容。

一是找出文本中出现的新词、语法点及以涉及的文化背景知识，将这些知识点做系统的设计、处理，在教学设计中体现出知识的主次、呈现的先后、任务的形式（个体活动和合作活动）以及时间分配的合理性。

二是分析文本内容与前后文本的联系，确立哪些可以用已有知识引出，哪些可以做适当拓展为后面的学习做铺垫。

三是分析文本中学生的兴趣点、关注点、思维点。从儿童的视角去发掘其中的兴趣点，提出有真正思维价值的问题让他们思考，尽量减少那些仅仅为了学习单词和句子而直接让他们获取现成的答案的问题数量。

环节二："精提炼"。这一点对较长语篇的课文教学尤为关键。教师要准确提炼出本课的重难点并着重设计处理，非重难点只进行一般性讲解。切不可对每一个知识点平均用力气，或者拿一个"放大镜"去找每一处所谓的新的知识点、考点，而应该归纳和提炼出本课规律性的、关键性的内容。如在教授六年级有关"Thanksgiving"（感恩节）一课时，新授词和非常用词很多，长句也是比比皆是，最终我只选择了"It's in November. Families have a big, special dinner."。我将这两句话中的介词 in 与具体到日期的 on 的用法做比较，为下一单元将要学到的"Christmas is on the 25th of December."做铺垫。对 family 的复数形式（families）、big 和 special 所涉及的节日传统饮食 turkey 进行较为详细的讲解。这样的做法既凸显了本课的重点，又符合学生的认知需要和对外国文化的兴趣。为丰富学生的情感体验，有时教师的讲解要抛开重点和非重点的束缚，如借助"We say thank you for all the good things we have."这句非重点句进行了追问"What good things do we have?"，引导学生寻找和感悟身边看似平凡却很美好和珍贵的人和物，然后全班一起说"We say thank you for parents / teachers / school / fresh air / good food…"，这时学生们的参与是自发的，说起英语来也是带有感情的。

环节三："串讲解"。英语教学可以借鉴语文教学中情景串的教学手段，找到可以串起语篇大多数信息的中心句，讲解和训练均在这条主线下展开，使学生对课文有整体把握。同样以六年级的"Thanksgiving"一课为例，我挖掘出语篇中的第一句"Can you tell me about American festival?"正是语篇的中心句，后面的大量对话都是对这一问题的回答。另外"串中有串"，"When is it?""What happens?""Do you want to hear it?"三个问题可以作为主问题下的二级问题。这样学生们通过层次性的问题研究就可以清晰地把握语篇的脉络和层次了。这个设计与导入环节提出的"模拟与外教交流中国节日"教学任务也是密切相关的，使学生自然地学会了运用问答的形式完成模拟对话活动。围绕中心句串联起长语篇的学习，体现了集零为整、整合学习的教学策略。

有时串起整篇课文的也可以是某个词汇，比如"Hellen Keller"一课，可以将"so，could，couldn't，but"四个词作为引线。第一环节设置一个开放性问题，"I'm ill，so I couldn't… He is tired，so…"，以此自然过渡到"She was blind，_____ she couldn't see. She was deaf，_____ she couldn't hear."这些有相似逻辑关系的语句。然后话锋一转，"but she could learn and work. Who is she?"，学生就会急不可待地喊出"Helen Keller"的名字。教师又说"What do you know about her?"，学生就可以把从以往语文课学习到的很多信息娓娓道来。这样的学习基于学生已有的知识，而且发挥了学科间的正迁移作用。课文中的多处地方都可以通过so 和 but 的运用增进理解。如"Helen learned to read and write. But it was very，very difficult for her. She helped blind people. So she was famous."。

"细分析，精提炼，串讲解"这三个环节中，前一个环节是后一个环节的基础和前提，即提炼是在分析的前提下，串讲是在提炼的基础上，环环相扣，活水有源。

借石攻玉,英语绘本改编与表演初探

2012 年我到加拿大的中小学考察学习,看到他们的课程设置中有专门的 "drama"课,即戏剧课。老师指导学生分组合作表演,通过夸张有趣的肢体动作表现出对文本或故事的理解,以此来丰富学生们的情感体验,培养和提高表现能力。当时我就想假如在我们国内也设置这样的课程不知道学生们会不会有兴趣。所以在学校开设"超市课"时我就决定仿照加拿大的戏剧课尝试一下。

实施策略

第一,组建学习团体。综合实践班的 25 名学生来自三年级和四年级的 10 个班。为了尽快让学生们彼此熟悉,我在第一节课设计了自我介绍环节,学生们从"name, class, family, hobby"等方面介绍自己的基本情况。师生通过这个环节增进了了解,对团队产生了认同感和归属感。另外,在座位的排列上,不同年级、不同班级的学生坐同桌,这样既便于互相熟悉,又有助于高年级学生帮助低年级学生。

第二,建立评价机制。从出勤情况、表现情况、与他人的合作情况等方面全面评价学习效果。

第三,绘本选择。大多是原版英文绘本故事,如 *Eat Your Peas*(《吃你的豌豆》)、*New Trainers*(《新运动鞋》)、*What a Bad Dog*(《多坏的狗》)。绘本选择的原则是:适合三四年级学生的英语水平和年龄特点,适合表演,内容有积极正面的引导作用。

第四,对绘本的掌握要求。以开阔眼界、渗透多元文化意识、培养语感为主,不强调单词、句型的准确掌握运用,强调体验、合作、实践的过程。

第五,故事改编。将绘本故事改编成适合学生表演的剧本,绘本故事改编有的是采取去掉旁白的方式,有的是采取缩减的方式。考虑到三年级学生相对于四年级同学改编绘本故事的困难更大一些,所以允许他们将较难的或非关键的词省略掉或替换成简单的近义词。

取得的效果

首先,学生能理解故事发展的过程,能流利地朗读剧本。

其次,学生关注了绘本故事中包含的西方思想意识和文化风俗,能就中西方的差异进行比较和分析。学生对故事预测兴趣很高,比如预测 "Does Daisy eat peas?" 学生们给出了七种推测,其中比较有感情色彩的是 "Yes, she does. Because she wants her mother to love her. "。这也体现了中国家庭教育传统,听话才是好孩子,爸爸妈妈才喜欢。其实故事的结局是女儿跟妈妈谈判,如果妈妈吃 "Brussels"(甘蓝菜),她就吃 "beans"(菜豆),最后妈妈妥协,两人都不吃自己不喜欢的蔬菜,而是一起愉快地吃布丁。对于不是大是大非的问题,适当的妥协也是可行的。*What a Bad Dog* 中,家人为什么没有抛弃那只令人讨厌的狗呢?学生通过分析之后理解了全面评价的重要性以及动物也是家庭一员的一些观念。

最后,学生能参与合作表演,口语表达能力、舞台表现能力、合作技巧以及自信心明显提高。比如学期初三、四年级学生合作表演时,一般都是四年级学生说得多,三年级学生用肢体语言配合表演。到了后期出现了三年级学生要求扮演语言多的角色,这不仅让老师,更让跟他们合作的四年级学生都大吃一惊。这也说明不同年级搭配互的助模式促进了低年级学生对于绘本的掌握。

绘本改编与表演实践课程尚处在起步阶段,我还在摸索中实践。进一步深入开展此课程的方向有两个:一是选材方面,在儿童英文绘本读物为主的前提下,拓展到英文影视剧片段、经典文学作品。二是发挥好综合实验班 25 名学生的引领辐射作用,带动起他们所在的 10 个班级的学生,将本课程的作用扩大化。

缺乏批判精神的教研伤害了谁？

前段时间，我在山东省远程研修平台上观看了五节英语课堂教学实录。这些课例都是在各自学校教研组内打磨过，并由地区或地方教育研究部门把关过的"一师一优课"，在我看来其中两节课是可圈可点的，但另外三节课在教学目标设定、教学方法使用、教学评价、教师话语等方面存在明显的问题和偏差。

教师专业知识不扎实

课例现象之一：教师口语水平低，专业知识不扎实，不能为学生正确地示范。

授课中教师将"ball, wall"等以"al"结尾的单词都加了儿化音，几乎把所有辅音结尾的单词如"group"都在词尾加了元音，学生也形成了这样的发音习惯。课堂指令语中的"again /ə'ɡeɪn/"，读成"/ə'ɡn/"。还有一位教师有留半截话的习惯，如在描述故事背景时，她说："我们要参观喜洋洋的农……"学生说："场"。这种习惯也表现说英语句子上，她说："Than…"学生说："k you."。英语课堂上给学生正确的发音示范是教师很重要的任务，是培养学生良好的英语口语能力的关键环节，而以上这些既浅显又明显的语音错误和不好的讲话习惯为何没能在录课前的研究交流阶段中被指出和修正呢？

教学方法不利于优化认知结构

课例现象之二：语音教学课上语音、词性、语义脱节，教学方法不利于优化认知结构。

在学习"ar, al"组合发音的课上，为了练习字母组合的发音，教师设计了辅音加元音的试读练习，比如老师给出"hal"，让学生读出，"hal"不是真实存在的单词，容易让学生产生误解；而如果给出的是"hall"这个有实际意义的词，并辅之以图片释义，就能将语音学习和词汇拓展结合起来，可以增强学生的认读兴趣和成就感。另外，教材中的童谣本可以活跃学习气氛，激发学生的学习热情，老师却要求学生反复地对照文本朗读，连帮助理解的图片都没有，这样的语音学习课很多时候就沦为了无实际语用价值的机械操练课。

🌱 教学评价缺乏客观性、高效性、层次性

课例现象之三:分发奖品和分组计分随意,评价语在意形式,缺乏客观性、高效性、层次性。

在五年级的一堂课上,老师用发糖果的方式奖励发言的学生,开始的几位同学无一例外地得到了奖励,可是随着课程内容的展开,老师就投入了讲解中,经常忘记或顾不上给每位发言的同学发糖果了。以糖果的形式奖励五年级这样小学高学段的学生稍显幼稚,再加上做不到奖励的机会均等、客观公正,所以应该慎用这种方式。

评价语应该针对学生具体的表现有所差别,但由于一些教师语言知识储备不足,往往用没有实际意义花哨的东西来替代评价语的丰富性和实效性。比如一位老师让学生数次跟着做夸张的跟词义无关的手臂起伏的动作并齐说"ter-rific",而且这个词对学生来说很生僻,这种做法形式重于实效;还有让学生用手拍打卡片或跳起来用头顶卡片之后读单词,老师给出的评价是谁的动作灵活而不是学习单词的效果好,老师让学生这样做貌似活跃了气氛,实则既浪费了时间又转移了评价目标。

还有两位教师采取的是分组比赛计分的办法进行课堂评价。从学生参与的积极性来看,这样的形式激发了学生的竞争意识,使发言者越来越多,但有以下两点值得商榷。

第一点,效率的问题。在计分时一位教师画的是小旗,另一位画的是花朵,相比较来看,画小旗较快,而画一朵花费时就多了,建议从省时高效的角度选择简洁的方式。

第二点,教师提问的问题难度低,简单地模仿发音和封闭式问题多,学生在热热闹闹的问答气氛中并没有进行有深度的思考。另外,计分的标准没有层次性,只要答对就计一分,无论问题是简单的还是复杂的、个人的还是合作的、一般正确的还是特别精彩的,计分上没有差别。如果教师能细心地针对问题的难度、学生的表现在分值上有所体现,那么将会在无形中培养和鼓励学生的深层次思维和发散求异思维。

🌱 教学目标的设定和达成缺乏对认知能力、情感态度的关注

课例现象之四:封闭式问题和瞬时可答的简单问题充斥课堂,教学目标的

设定和达成缺乏对认知能力、情感态度的关注。

学习"Four Seasons"（四季）一课中，对于季节这个熟悉的话题，学生本来是有很多切身的体会想要交流和表达的，但由于教师没有设置开放性的问题来让学生从不同角度说说真实的想法，所以最终导致学生仅仅局限于使用本课教材上的语言反复地表达单调的信息。在这位老师的反思中提到她在试讲中设置了拓展问题"Why do you like spring/summer…?"，结果学生不愿意回答。因为怕冷场，所以老师就把这个环节删除了。对于这种有利于学生思维训练和情感体验的问题不应该轻易放弃，而应该作为一个研究的焦点和难点，找到一些可以操作的方法，如给出学生提示的图片、词语，或者示范做铺垫，引导学生大胆表达自己真实的观点，这样才能提高语言综合运用的能力。

这些显而易见的问题为什么在教研活动、磨课过程中没有被发现、指出并改正呢？如果说批判性思维对于创新性思维是不可或缺的，那么如果教师自身或教师群体缺少了这种批判性思维，又怎能言传身教给我们的学生呢？

小学英语课堂教学
如何克服"东施效颦"现象？

　　我近期观看了几节课例，深感小学英语课堂上"东施效颦"现象十分普遍和严重。授课老师套用各种赶潮流的理念和模式，整节课貌似多姿多彩的拼盘，但是从学生发展角度来说，这些设计更像是走程序，做表面文章，并无实际的效果，既丢掉了传统教学模式的朴素扎实，又没有达到现代教育倡导的自主学习和主动构建目标。看到讲台上"布局设阵"、精神抖擞的老师，和台下不知所措被牵着走、心生无趣却强打精神竭力配合的小学生，让人心生郁闷和担忧。

🌱 形似而神异，固守教师主体，重传授轻思维

　　五年级"I Went There Last Year"一课，老师安排了大量的跟读、分角色朗读、直接截取文本的问答，学生只要跟着说、照着念就能达到老师的要求，得到老师的认同、赞赏。老师运用了所谓高低声读词、拍打卡片等形式进行词汇教学。在老师的自评反思中她认为采取的这些形式丰富了学生的体验，激发了学生的兴趣，符合小学生活泼好动的特点，但我认为这其实是低估了小学生的兴趣点和智商水平，对培养思维和语言交际能力作用不大。

🌱 混沌而匆匆，问题设计逻辑混乱

　　"My Weekend Plan"一课中，老师在击鼓传花游戏中提出了以下三个问题。

　　（1）"Where are you going this weekend?"

　　（2）"What are you going to do?"

　　（3）"When are you going?"

　　对于前两个问题，有的学生回答"I am going to a cinema. I am going to see a film."，还有的学生回答"I am going to the hospital. I am going to see a doctor."。第二句其实并没有真正回答出有思维价值的信息，如果老师能鼓励学生说出类似于"I am going to see a film with my cousin.""I've got a toothache."这样的语句才是真实的想法和情境表现。另外，第一个问题已经规定了时间是"this weekend",学生在回答第三个问题时又重复说"I am going this weekend.",而不是具体地说"this Saturday/Sunday",老师没有指正,采取的是默认的态度,老师只专注于句型的操练,使语言学习游离于合理的交际运用之外。甚至有一位学生或许是因为基础弱,或许是感觉"this weekend"不太恰当,回答这个问题只说出了一半时,老师的处理方式是等了这个学生几秒钟后直接让他坐下,却没有进行任何指导就转到了下一个环节去了,可谓混沌中开始,匆匆中结束。

🌱 光鲜而空洞,拓展素材仅供欣赏,与语言学习割裂

"I Went There Last Year"一课的主题是关于旅游的,老师在导入环节展示了一些世界闻名的景点图片,还出示了中国地图复习了四个方位词,结果这一环节仅仅止步于欣赏和复习单词,在后面的环节中这些图片和地图再也没有使用过。最后一个综合运用环节是学生两人合作按照给出的三个问题实际对话:"Where did you go?""When did you go? Did you go with your father and mother?"(此处之前"one by one"拍打单词卡片反复操练的"parents"也忘记使用了)。

"My Weekend Plan"一课讲到了"space travel"(太空旅行),老师出示了英语和汉语,学生们读出翻译并点头表示理解,接着老师又播放了一个动画片段让学生进一步加深对它的理解。结果播放的是小熊去月球看到嫦娥和玉兔的类似古代童话故事的画面,跟航天科技领域的太空旅行是两个概念,本来已经清楚的内容因为提供的动画片段反而混乱了。搜集这些资料好似是从激发学生兴趣出发,实则流于形式。

🌱 牵强而刻意,情感教育和德育渗透中传达错误观点

"Why Are You Wearing A Hat?"一课中,授课老师设计的情感教育和德育渗透环节分了以下两步。第一步:改错句。老师编写了几组前后不搭的问答句,如"Why are you wearing a T-shirt? Because I'm going to the theatre."让学生纠错。第二步:得出结论。"We often make lots of mistakes when we speak English. So we should be careful in what we do in the future."首先孤零零出现的所谓的错句脱离了语境,如果是学生对话练习中出现了错误,老师引导学生注意问题是合乎认知规律的,而老师刻意制造错误既无必要,也会让学生感到莫名其妙和被动不适。老师从第一步推导出让学生小心,避免英语中出错,并由此衍生出学

生做任何事情都要小心，不要出错。这种结论既牵强又错误。作为英语老师应该告诉学生在学习语言时不要因为怕出错而小心翼翼，犯错很正常，是进步的必经之路，要鼓励学生大胆尝试，并承诺会一直支持他们的语言实践活动。做任何事情都要小心不要犯错对于小学生来说是不切实际的。

立德树人是教育的根本任务，但我认为这节课是在牵强附会地将与课程内容不相关的，甚至是错误的概念和论断强加于学生，这种做法应予以批评和制止。

结语

小学英语课堂中的教学形式多种多样，那么如何判断哪一种是正确的？适切有效是判断的标准。这种适切既要符合老师自身的教学风格，更要符合基本的教育规律。违背这一原则的盲目套用、照搬做样子则是必须坚决摒弃并深刻反思的。

缘何理当然，事难行？

几年前有幸听了时任浙江大学党委副书记、高分子合成与功能构造教育部重点实验室主任郑强教授的一段讲话，我深以为然。郑教授着眼于高等教育阶段大学生奋斗目标和动力的迷失倒追他们所经历的基础教育的"原罪"，其观点为深陷校内校外各种课程无缝对接的中小学生提出了一个获得轻松、从容成长环境的可行性论证。当我把郑教授这段讲话分享给一位孩子正读小学的家长时，却没有获得认同。虽然他也认可如果孩子小时候不能自由地玩耍，上大学后很有可能会"平衡性地报复，要求补偿玩"，这样的成长过程是顺序颠倒了，但考虑到别的孩子都在"卷学习"，自己的孩子如果不能考上大学，就无法找到好的工作，所以还是不敢给孩子"松绑"。同时就郑教授谈到中国学钢琴的人数多、听众少的现象，这个家长又反问我："你不是也把自己的女儿培养成钢琴专业了吗？既然自己不能免俗，又拿什么劝说别的家长？"

那么就从学琴说起吧。我女儿没出生之前家里就有钢琴，而她的两个幼儿园同学从四岁开始就报名学习钢琴，那时他们的家里都还没有钢琴。一起在院子里陪孩子玩耍时，这两位同学的妈妈问我为什么家里有琴还不让孩子早早开始学呢，我说学钢琴很辛苦的，孩子得苦练，家长得陪练。她们脸上溢出的那种身为母亲能早早让孩子学习钢琴的自豪感至今让我记忆犹新。即使这样我仍然没有动摇，看到女儿无忧无虑地玩耍，快乐地跑跳，甚至学会了爬杆，我感到心安。即使三年间耳边不断听到两个同学的妈妈谈论学琴的进展，我也没有动摇过，直到女儿七岁她才开始上第一节钢琴课。那时也并不仅仅是觉得年龄合适了，而是她从五岁开始就经常自己爬上钢琴，像玩玩具一样弹上半个多小时。遇到小表妹跳《天鹅湖》时，根本没学过琴的她竟能有模有样地按舞步节拍"即兴伴奏"。经过对女儿长时间的观察之后，我才让她开始学琴，虽然起步晚，但她的学琴之路一路顺畅，跟邻居家早学三年的同学同年考出了钢琴十级。那两位同学都在考完十级后如释重负地放弃了钢琴学习，女儿却一直坚持了下来，而且她认为自己钢琴的飞跃式进步是在考完十级之后。我知道那是因为热爱，也是因为随着年龄增长，智力和思想更加成熟，她能更好地体味、理解和表达音乐的丰富内涵。这样的培养不是家长一厢情愿的,不是盲目跟风的,而是基于对孩子特点和兴趣的了解以及尊重。学琴队伍浩浩荡荡,只有真心喜爱并乐意付出的孩子才适合走上专业之路。

再谈谈按顺序做事。不少家长和老师早早地跟少儿谈中考、高考、就业这些严肃的话题,苦口婆心地说服孩子接受他们作为过来人的忠告。人无远虑,必有近忧,忧在童年,乐在成年,成了理直气壮剥夺孩子本该享有的快乐童年的"箴言"。无数科技和经济发达国家的成功范例都在告诉我们,不优先培养活泼的儿童,就不能教出聪明的成人。随着死记硬背的任务不断增加、各类辅导班的叠加,他们休息不充分,玩耍是奢望,活泼性格赖以萌发的宽松土壤板结化了。牛顿若不悠闲地躺在树下看到苹果落地,就不可能探寻使它坠落的神秘力量。有人会说,没关系,背过公式就好,反正这不影响成绩,却未曾在意这样破坏了儿童最珍贵的好奇心和探究的欲望的代价有多大。他们中的许多都为应对十几年的考试而提前透支了体力和脑力,成人后当他们走进大学,没有了继续努力下去的动力。而那时的他们才刚刚到最有智慧、最富有创造力的黄金年纪啊!以色列政府提供给高中毕业生一年周游世界的费用,让他们从容自主地挑选中意的国家、中意的大学、中意的专业、中意的教授……然后为自己的选择奋力拼搏。中国家长把报补习班的巨额学费省下来作为孩子旅行的费用也足够了。

让孩子在该玩的时候玩,在轻松的玩耍中促进大脑和身体的发育,在自由支配的闲暇学会自主安排和把握时间,在与伙伴游戏中摸索交往的技巧。这些都是人一生幸福生活中不可或缺的。

我衷心地希望,家长不要在品尝到苦果之后才意识到把孩子的成长顺序颠倒了,不要让未成年的孩子去承担他们的年龄难以承受之重、之痛。

取舍、废立，
向英语课堂深度学习转型
—— *Usman's Books* 绘本教学观课有感

英语教学很容易走入过分强调知识学习的误区，在模式化考试的框架下，学生在读读、背背、练练的过程中，经历最多的是重复性的机械操练，以掌握教材中的重点词汇、核心句型。近年来，随着统测统考次数的限制和锐减，英语教师在教学实践中拥有了更多的自主权，在培养学生自主学习能力和主动学习意识方面有了比较宽松的空间。如何利用好这个契机，研究解决应试教学模式中不适应学生发展需求的问题，是教师面临的新课题和挑战。在观看了北京石油学院附属小学王朝老师的绘本教学课实录后，我认为王老师在取舍、废立之间做出了大胆的尝试，探索出了一条由英语知识学习向思维发展深度学习转型的新路子。

突破之一：拼图阅读策略，教室布局动起来

普通课堂上，学生的座位安排无论是秧田式还是圆桌式，一整节课下来学生的位置是不变的，而王朝老师的课堂却打破了这一固定模式。

王老师运用"Jigsaw Reading"拼图游戏理念展开阅读活动时，巧妙地将学生的座位根据教学任务进行了调换。在小组成员合作完成一份阅读材料的汇集整理之后，王老师进行了小组重组，由来自五个不同小组的学生围坐在一起成立新的合作小组，继续合作完成五份阅读材料的整理。学生座位的布局随着合作任务的变化动起来，虽然座位变动占用了课堂时间，但学生有了更多的交流机会，并完成了更加复杂且有思维深度的学习任务，权衡利弊，这种方式值得尝试。

突破之二：轻松阅读策略，避开词汇绊脚石

王老师对于绘本中出现的新单词的处理办法是"不处理"。她没有分析发音，讲解语义，反复操练，而是在不影响理解和交流的前提下一带而过，或者干

脆用图片来代替文字,引领学生巧妙避开了阅读中的词汇障碍,将学习的重点始终落实在阅读、理解、表达、交流上。这种完全颠覆式的词汇教学方式,源于王老师缜密的思考、大胆的取舍,运用了图文结合、自然拼读、猜测等手段。这种举重若轻的"不处理",从学生的反馈情况来看,不但没有不好的影响反而有助于教学目标的达成。

突破之三:开放多元策略,打通思维快速路

王老师设计的问题大多是开放性的。例如,在阅读之前猜猜看,"What's Usman's wish?""Who could he meet?""What could he do?"这些问题打开了学生的储备库,使得在猜测的过程中的语言运用自然而有意义。阅读之后,又提出了"If I could step into the book, I would meet _____, and I would(do sth.)."将学生带入故事中。绘本故事生动的语言、吸引人的悬念、感人的情节增长了学生的知识,激活了学生的想象,丰富了学生的感知。

王老师预设的教学目标是多元的,如阅读获取信息、增进情感体验、热爱生活和阅读、发展思维策略、实现任务教学、丰富文化内涵,诸多目标在一节课40分钟内全部达成了。有取,有舍,有废,有立,王老师的这堂课是深度学习课堂教学的典范之作。

反思备课后的收获

——启蒙年级教学设计调整案例

一个星期三的下午,一迈进一年级一班的教室,我心里便有些忐忑,因为昨天在一年级二班教授外研版《英语》(一年级上册) Module 4 Unit 2 内容时效果不理想。主要原因是本课涉及的句型多,单词量大,有对话的学习,还有歌曲的教唱。我采用的是先逐个讲解单词和句型并反复操练,再呈现较长的对话,最后教唱歌曲的顺序,结果虽然费的力气不少,但是学生学得累,兴趣不大,效率也不高。

课后我做了反思,认为问题出在没能把握新教材大幅增加的知识容量,没有准确理解知识输入与输出之间的关系和要求,没有将教学方法与一年级学生的年龄特点结合起来。于是我再一次重温了《义务教育英语课程标准》(2011)中对课程目标的描述。其中,低年级阶段所要达到的一级综合语言运用能力目标为:"学生对英语有好奇心,喜欢听他人说英语,能根据教师的简单指令做游戏、做事情……能唱简单的英语歌曲,说简单的英文……"据此我把本课内容的教学思路和策略做了大胆调整,使其适合学生的认知要求和认知规律,但课堂教学是否会有大的起色,我心里还没有底。

授课的第一个环节我设计为让学生欣赏、感知本课的英语歌曲 *I Can Sing A Rainbow*。"音乐是人生最大的快乐",将唱歌这种形式恰当地运用到教学中去,这不仅能培养学生学习英语的兴趣,而且能增强记忆力,降低学习难度,达到事半功倍的效果。对于歌词的讲解,我采用猜谜的形式引入。我在黑板上画出一条色彩缤纷的彩虹让学生猜是什么,学生猜出后再启发他们边说"rainbow"边用手臂划出彩虹的样子。请学生举起他们的水彩笔来配合歌中各种颜色的演唱。虽然歌曲的节奏较快,多数学生不能一下子举对相应颜色的水彩笔,但在一遍一遍的操练中,学生把颜色类的"pink""purple""orange"等新单词与实物自然地建立起了联系。这种设计既具有直观性,又体现出学习过程的探究性,虽然比起在一班先教读歌词中的生词、句子,再演唱的方法来说增加了学习的跨度,但是学生的兴趣提高了,注意力集中了,学得更轻松了。学生在唱歌时,随着旋律的起伏变化,在感到松弛、愉快、满足的同时,产生了兴奋的情绪,对下面的学习活动也有积极的影响。

第二个环节是句型的学习。我用数手指的方式先复习重现"How many"句型,然后出示彩色画片复习"What color? It's..."句型,在此基础上引出本课新句型"How many balls? → How many green balls?",学生理解起来有梯度、有层次,基本没有障碍。

在巩固句型"How many（color）balls?"的环节中,引导学生观察书上的图画,启发学生思考图中的小女孩问小男孩一个什么问题,还可以提出什么问题。考虑到一年级孩子脱口而出地回答这些问题难度较大,所以我请学生同位间先讨论一下。因为是在私底下说,学生没有压力,所以都敢大胆练习。然后我请个别学生提问图中某种物品的数量,其他学生作答。这个过程锻炼了学生观察图片、提出问题、听音理解、寻找答案、汇报结果的一系列能力,这种学习的方式符合一年级学生的思维规律。在出现多种答案时,我会让学生再一起来数一数,确定谁对谁错,学生都乐于参与其中。

通过这次针对相同的教学内容,设计不同的备课教案,收到不同的教学效果的经历,我体验到二次备课,即反思备课的重要意义。教无定法、学无定法,在不断的否定中前进:否定偏执的,寻求和谐的;否定模式的,寻求个性的;否定灌输的,寻求探究的。

"责任重于泰山",一年级的英语老师是绝大多数学生的英语启蒙者,决定着学生能否顺利地迈好第一步,能否建立起"我能学好英语的自信心"。小学生生性好动,注意力容易转移,他们最好的良师就是兴趣。老师要在教与学中创造愉快的环境,设计有趣的活动来吸引学生,让他们产生兴趣,获得知识。老师既要熟练掌握教材,还要能适时地跳出教材,根据学生认知规律进行设计、调整。老师要发挥课堂教学主渠道作用,使英语课堂成为学生体验成功的舞台,保持活泼性、生动性和主动性,为进一步的学习打下坚实的基础。

微课的制作与设计

一个偶然的机会我聆听了华南师范大学教育信息技术学院汪晓东博士长达三小时的微课培训讲座。讲座很精彩很充实,今天我把它压缩成一小时的微课,把特别核心的、有启发性的内容呈现给大家。

首先来看什么是微课。微课是指基于教学思想,使用多媒体技术就一个知识点进行针对性讲解的一段 5 分钟左右的音频或视频。内容可以是教材解读、题型精讲、考点归纳,也可以是方法传授、教学经验总结等。

微课的特点是短小精悍

微课为什么要短小呢?有关专家曾经做过一项调查,中国南方某大城市举行了一次录像课的评选活动,从上千个作品中评选出了 100 节优秀课,然后把这 100 节录像课挂到了网上的教育资源库,让全网的人都能看到,一年后点击率统计显示,排在第九位的课点击次数只有二十几次,很多课只有一次点击数,还有很多课的点击率竟然是 0。原因是什么呢?原因就是没有多少人愿意拿出 40 分钟去观看一节课。在快节奏、信息量巨大的时代,再好的课如果时间太长也不会有多少关注率,高成本制作出来的资源难以共享,就等于浪费。在这样的现实情况下,短小精悍的微课应运而生了。微课的时间一般为 5 分钟左右,最长也不超过 10 分钟。

微课的作用

微课呈现了学习信息所需要的指导和素材,学生通过微课可以自学,观看一次或反复观看以后能达到跟老师面授差不多的效果。

制作微课很麻烦吗?

制作微课一点不麻烦。

方式一:使用手机、相机等直接拍摄。演示:手机 + 白纸教学数字书写。

方式二:录屏软件。微机老师会带领老师们进行录屏软件使用的实际操作。演示:录屏 + PPT;录屏 + PPT+ 录像(生物课);录屏 + 手写板(可汗学院课)。

如何做出好的微课？

微课制作注意事项

（1）从学生学习的角度分析学生会遇到什么问题。

（2）不是 40 分钟的微缩，而是要选定一个知识点有所侧重地解决，不用面面俱到。

（3）减轻工作负担。现在老师已经体会到 PPT 课件共享带来的便利，微课比 PPT 更有优势，它既有画面，又有讲解，老师不用多说，组织学生观看就行了。

（4）要不要展示教师的风采。在微课的评选标准中"要不要有教师的风采"这一项引发了争议，只有少数几个评委建议不要，多数人觉得怎么能不看老师的表现呢，比如教态。汪博士觉得教师的风采等跟自学无关的部分可以不要，如果确实想让大家看到自己也很简单，在微课开头放上一张照片就行了。

（5）有一对一辅导的效果。为了找到现场感，老师可以先找一个中等水平偏下的学生到办公室来，让他看着微课学习，看他能学到什么程度，如果能对微课的知识能基本掌握，那么这节微课就算比较成功了。

微课示例

（1）物理实验微课。实验步骤一步一步推进得合理，先从小的器皿开始推测实验的可行性，到最后使用很大的器皿验证，上述评奖活动的评委们认为这样的大型验证实验虽然在很多学校做不了，但实验本身很有价值，所以这节微课被评为一等奖。这节微课对数学和科学学科教学有启发作用。

（2）正当防卫微课。做这节微课的老师很执着地请汪博士帮她修改，汪博士提了三点修改意见：一是教学流程太死板，就是讲、练、评，建议她不要先说概念，而是先呈现案例。二是所选案例是成人案例，最好选择接近学生生活实际的案例。三是不用提供两个案例，就用一个案例变化条件，层层推进。这位老师按照这三条意见将微课做了修改，还自己做了一点创新。这节微课获得了二等奖。

（3）最后来看看汪博士最喜欢的两节微课。一节是一个幼儿园老师制作的有关灰姑娘的故事的微课。这节微课最打动人的是老师在阅读指导中是"蹲下身"来的，提很直接的问题，让孩子做很诚实的判断，道理不大，也不深奥，对孩子的影响却不小。另一节是税务行业的人员做的微课《了解中国的税》。此微课是内容与技术的完美结合。

如果说微课是教育技术发展的必然趋势，是我们目前必须走的路，各位老师，一起来准备吧。

（校本培训发言稿）

那些关于模仿秀的故事

青岛市第八届小学生英语口语模仿秀展示活动在太平路小学如火如荼地进行着,节目精彩纷呈,高潮迭起。接近中午,现场公布成绩宣读到金门路小学,得分 9.76 分,与市南新世纪学校并列青岛市第一名!作为辅导老师的我和身边的三个小选手内心的惊喜和激动瞬间爆发,所有付出的努力在此刻以优异的成绩得以回报。参赛之路,点点滴滴,历历在目,在这里和大家做简单的交流汇报。

🌱 一年一度校英语节,壮大英语表演梯队

金门路小学为此刻的精彩付出努力的不仅仅是比赛现场的四个人。早在两个月前学校就制订了校第四届英语节的方案,以多种英语表演形式,如歌曲、演讲、课本剧来吸引带动学生们的参与。

🌱 班班准备,层层选拔

学生们准备的节目先在班级内初步选拔,然后再参加学校的预选,最后确定汇报演出的节目单。在正式演出前老师们对学生的英语发音不规范、道具、课件制作等问题又进行了指导和精加工。正式演出时,学校邀请了中国海洋大学新闻摄影专业的副教授进行现场录像,之后还把寻像播放给全校师生观看、学习。这样,学校一系列的安排环环相扣,全方位地推动着学校英语整体水平的提高。

🌱 校、区、市英语活动整合,五年级学生模仿秀成特色

为了配合青岛市、区级一年一度的模仿秀活动,学校组织五年级同学排练影视配音节目,这样就将市、区级的英语专项活动与学校的特色活动有机地整合起来了。五年级同学推出了多个影视配音组合,有《冰雪奇缘》《动物总动员》《花木兰》《两个人的世界》《极速蜗牛》等多个影视片段,在这样庞大的演员队伍中选拔优秀选手就很轻松了。

🌱 优中选优,充分准备

我们没有直接确定任何一个班级的影视配音组合,而是打破班级界限,从三个不同班级选拔出了实力最强的三个选手小彤、小雯、小玲合作《冰雪奇缘》,代表学校参加区级比赛。

重新组合起来的参赛阵容虽然强大,但三个同学来自不同班级,给她们任教的不是同一位英语老师,彼此不熟悉,缺乏默契,没有团体意识。其中扮演雪宝的小玲觉得自己的台词太少,没有充分的机会展示,要知道她在自己班的影视配音节目中一直都是挑大梁的,现在却成了配角。她多次提出更换影片,并说服动员另外两个选手支持她。经过慎重考虑,我告诉她在这个短短三分钟的影片中没有不重要的角色,即使只有几句话也要说出人物的身份、性格和情绪。小玲看到老师很尊重她的意见,终于服从安排答应了下来。后来我想到让她负责上台介绍学校名字,她就更开心了。老师跟学生打交道有学问,跟特别聪明和有想法的学生打交道更有学问。

我从发音、语气、服装、道具、站台、配音后抽取短文朗读有感情、回答随机问题有技巧等各个方面指导她们,这样经过20多次排练后,我们就信心百倍地参加了区级比赛,结果以并列第三的成绩,取得了晋级市赛的资格。

🌱 赛前集训,取长补短

在市级比赛举行前三天,区教研员杨老师又召集了全市的六个节目的表演学生进行集训。兄弟学校再次互相观摩、学习,也互相提出改进意见。杨老师也对我校的节目提出了宝贵的意见,她说影视配音是以声音的惟妙惟肖为第一要素,动作的表现是辅助性的,不能舍本逐末,不能出现配音和字幕进度不符的问题。针对这个意见我们做了调整,表演效果明显改善。

比赛前夕我们得到了新的消息,比赛要增加影片剧情问答的环节。小雯、小彤不淡定了,着急地问我怎么办。我说,如果没有这样灵活和有难度的环节,她们的优势就没办法发挥,这是对她们很有利的消息,根本不用慌张,孩子们便放心了。信心是至关重要的因素,再优秀的学生面对重大比赛也会紧张怯场,需要老师始终不变的信任支持和巧妙的开解减压。当然没有平时课堂上的训练,只有信心也是不够的。在课堂上,我比较注意开拓学生的思路,进行联系实际的问答,尽可能设计开放性问题,如分析课文中人物的性格,让学生有机会用英语表达不同的想法。学生有时会笑着说英语课像语文课，其实英语课跟语文课一样也要有思维训练的环节，才能达到语言真实运用的效果，提高学生的英语表达能力。

比赛间隙，市教研员孙老师及时的提醒也至关重要。孙老师发现有些学校的选手场上姿态不挺拔，有些不能应答评委的问候语"good morning""hello"以及"thank you"，还有些孩子自信心不足，不能把握课外阅读材料的意群，回答问题时退缩不前，或者在答不出来时会长时间沉默。我和学生针对以上问题做了调整，再次明确了场上风格：应变、积极、有礼。在最后的问答环节，她们彬彬有礼、侃侃而谈，发表了个人的独特见解，体现出整个团队积极主动的态度，为她们的比赛画上了圆满的句号。

🌱 精诚合作，一切为了学生

我们参赛的影片是四年级英语老师提供的，影片的剪辑合成是没有参赛的学生的家长制作的，道具是在美术老师指导下做的，对模仿秀活动的调查和改进是征求学生和老师们意见的，评委是外籍教师担任的，分数是现场公布的，……合作、无私、民主、专业、公正、公开是我们学校能够取得市一等奖不可缺少的元素。所以，能获得这样的成绩，我们感动、感谢、感恩。

英语老师既要面对全体学生，做好基础性英语普及工作，又要考虑到国家和社会对英语专业人才的需求组织学生参加一些英语比赛等活动。模仿秀比赛就是锤炼和打造拔尖人才的重要平台，更多的小英语爱好者将在这里丰满羽翼，展翅高飞。作为英语老师也面临挑战，要不断提高自身业务素质，才能胜任这些优秀学生的指导工作。挑战和机遇并存，当你做一件有意义但很艰难的事情而感到疲惫，甚至会伴随着孤单时，坚持下去，好事就会来临了。

（市级经验交流发言稿）

14分是怎样"炼"成的

今天我跟大家交流的题目是"14分是怎样'炼'成的"。先来谈谈钢铁是怎样炼成的。钢铁是在烈火和骤冷中铸造而成的,于是,它变得坚固而无所畏惧。在省远程研修的六天里,天气炎热,我全力以赴,在经历疲惫的煎熬后,幸运降临了,我为学校获得了14分的加分,在全校是得分最多的,这在全区也是很罕见的。下面介绍我的"炼分术"。

🌿 炼术一:日积月累,别临时抱佛脚

平时要认真备课。备课时我把课本和教参摆在一起,一边看一边标出自己认为可以用的,然后再增加自己的想法,这样的备课内容既有专家讲授的精华的部分,又有自己独特的东西。研修第一天的作业是设计"学习园地",我写的是"数字的教学设计"。这个设计是我的原创,不需要跑去查找备课本,它就在我的记忆里。"学习园地"设计要求:请您分享您基于学生特点,如从学习风格的视觉型、听觉型和动觉型或认知方式的反思型和冲动型,设计的教学活动。我的设计是:在学习"hundred""thousand"数字时,我在黑板上写了几个数字,如1973,2008,1996,2004。我请同学读出其中一个数字,再请另外的同学找到这个数字并从黑板上把这个数字擦掉,学得快的同学可以完成第一项说数字的任务,学得慢的同学可以认出数字,这样同学们都可以力所能及地参与这个活动。就是这短短的几行字为我赢得了研修的第一分。指导教师的推荐理由是:辛老师设计的这个活动,每个学生都能参与,有读数字的,有数字找得快的把黑板上的数字擦掉的,还有找得慢的可以在心中默默地找到答案的,学生参与面广,每个类型的学生都得到了发展。

🌿 炼术二:切合主题,别自说自话

提交的作业要体现当天的主题。如学习的主题是"基于学习优势的教学设计"。作业是"学习优势理论认为每个学生都有学习优势。请分析您所教班级中英语学习困难大的学生,他有哪些学习优势?"我提交的作业是《动态认知风格的小涛的改变》。在专家提到的三种认知风格中,四年级二班的小涛属于典

型的动觉型认知风格,当然不包括动手写作业,在我印象中哪怕班里只有一个没完成书面作业的十之八九就是他!所以他的成绩仍然处于落后的水平。我针对他的认知风格进行教育设计和研究,注意此处是"教育"而不是"教学",教育的范围比教学更宽泛一些。

我是这样发现他的认知风格的:在教唱一首 *A Mouse And A Clock*(《老鼠和钟表》)的英文歌曲时,虽然他不能跟唱歌词,但是他是少数几个跟着老师完整地模仿"mouse"和"clock"动作变化的学生之一,于是我特意表扬了这几位学生。很少能有机会被表扬的小涛脸上竟然微微有些红润了,第二遍唱的时候他一边表演一边试着张嘴了,等到第三遍时边做边唱、微笑的小涛简直是在享受学习过程了。

后来在学校英语节上有一位英语超棒的小祁同学报名演唱一首难度很高的英文歌曲 *Rool In The Deep*,我又想到了动觉型认知风格的小涛,我建议他跟小祁合作。他问我可以只表演不唱吗,我说可以呀,于是我跟他一起研究具体怎样表演。我们确定以吉他表演的方式来体现歌曲的摇滚风格,不过小涛没有学过吉他,于是我请另一位绘画好的同学给他制作了一把仿真的硬纸板吉他,还穿上了绳可以背着。演出那天小涛表演的吉他手和歌手小祁获得了观众热烈的掌声。

英语节以后的英语课上小涛再也不是事不关己、高高挂起的旁观者了,我也总是设计更多让他动起来的学习活动。经过一个学期的努力,虽然他还不算优等生,但跟以前相比已经大不相同了。暑假开始前,他悄悄跟我说:"辛老师,这个假期我要使劲学吉他,妈妈已经给我报名了,一周上两次课!"老师们,你们会不会也跟我一样认为学吉他这件事可能跟学英语有点关系?对此,我深信不疑。

🌱 炼术三:先入为主,给文章起个响亮一点的题目

题目选登:

(1)学习着,改进着,发现着……

(2)鸡蛋里挑骨头,敢不敢?

(3)情感支架的度与量

(4)为什么你还不想睡? ——献给研修中有名、无名的英雄

（5）抓住"站在巨人肩膀上"的机会——推敲刘青老师的备课

（6）"三少三多"促研修高效——研修个人总结

🌱 炼术四：要学习，更要批判性地学习

研修平台上提供的课例都是经过几轮打磨过的，是值得学习的，但批判性地学习才会推陈出新，做出的课例也较能获得专家和指导老师的关注。以我获得的加分井喷的那天为例，"学习园地"设计得了四分，"随笔"得了二分。

我的"随笔"《鸡蛋里挑骨头，敢不敢？》分析了一个省级教学能手余老师提供的支架搭建课例片段。文章分两段，第一段是支架设计优势。余老师的课堂设计中有五个支架，我详细分析了五个支架的可取之处，如支架的数量适度，每个支架花费的时间不太长，出现的时机恰当，支架之间环环相扣，有严密的逻辑关系，不突兀，不跳跃，符合学生的思维活动规律。第二段是"挑出的骨头"。第一课时：文本支架"Retell the dialog with the board"（根据板书复述课文）。我想余老师设计这个支架的初衷有两个，一个是重现了板书内容的重难点，另一个是辅助学生进行成段文字的口语训练。可是我认为在学习较长课文的第一课时，这样的要求难度偏大，另外这是一篇对话形式的课文，一个人复述不符合语境，两个人做的话，能力水平有差异，不一定能顺利地完成，或者即使勉强完成了，因为不熟练，会把对话变成了生硬的、结结巴巴的背诵，所以建议此环节放到后面的课时再进行。第二课时：在讨论"email"（电子邮件）和"letter"（写信）的利与弊话题中没有提到给学生的准备时间是多长，是自己准备还是小组讨论，反馈时是随机发言还是采取正反方辩论的形式，必须用英语表达还是英、汉皆可。一个好的支架要想达到好的效果，具体的操作形式也是至关重要的因素。

省专家张春玲的推荐意见：有理有据，阐述清晰，对基于学生学情的支架搭建问题有独到的看法，值得推荐。

批判性地学习是一种意识，也是一种能力，这种意识和能力可以在教研组听课活动中得到锻炼和提高，要试着改变一团和气的保留式或是提防式的评课，因为那样做既不利于上课老师的进步，也不利于听课老师的成长。

🌱 炼术五：换位思考，真情互动

省远程研修是一个系统工程，省、市、区、校级的领导、专家、课例组成员、

平台管理人员、指导教师和广大一线教师都在这个过程中承担各自的职责和任务。在研修的尾声，我决定就此写一首小诗。可能是因为小诗撰写的角度全面，感情也比较真挚，它为我赢得了研修的最后两分。

为什么你还不想睡？

—— 献给研修中的有名、无名的英雄

夜已深

为什么你还不想睡

眼睛不累吗

坐了一天双脚不胀吗

还有没看完的

还有没点评的

放不下吗

夜已深

为什么你还不肯睡

简报的构图不精美吗

还有稿件没校对完吗

时间那么紧

做得已经不错了

过不了自己这一关吗

夜已深

还不熄灭已经瞌睡的灯吗

从数月前就在为这六天苦苦地熬着

提供的学习内容够充实了

理论支撑够坚实了

还要再扛起新出现的问题吗

东方已微亮

真的要亲眼确认第一个老师顺利打开网页吗

巨大的流量也冲不垮

这样的挑战

经受住了

安心了吧

无怨无悔地爱着研修,这样的你累不累

明知再多的努力,也是海洋中微小的一朵浪花

还要痴心不悔吗

睡一会儿吧,英雄们

我们

（校本培训发言稿）

第四部分

课题研究

借力校园活动，拓展绘本资源

英语课外活动是学生英语学习的重要组成部分，能为学生的语言实践和自主学习提供更大的平台。英语节搭建的绘本表演展示平台，可使绘本表演者及小观众的英语学习视野得以开阔，多元文化意识获得提高。

英语绘本教学是当下比较热点的研究课题，对于我们学校来说却并不陌生，因为早在八年前，从学校首届英语节开始，绘本内容就被纳入一个专题节目中，那就是 "story，speech and drama show"（故事、演讲和戏剧表演板块）。

《义务教育英语课程标准》（2022）实施建议中指出，英语课外活动是学生英语学习的重要组成部分，能为学生的语言实践和自主学习提供更大的平台。在英语节搭建的展示平台上，绘本表演者乐此不疲、精益求精，台下的小观众津津乐道、跃跃欲试。

在绘本资源开发与利用方面把握的原则是充分利用教材，但又不局限于现行教材。丰富的绘本资源包含的多元文化元素提高了学生的跨文化意识和素养。师生们学习、研究、表演过的绘本取材广泛、数以百计。素材来源于五个渠道：英语教材中的课文、附录 "Reading For Pleasure"（愉快阅读）、课外读物、影视对白以及学生自编的故事。以下列举具体的实例分析阐述这些绘本材料的使用过程和成效。

🌱 教材中的课文

在现行的英语教材中，有些课文具有比较完整的故事情节，有悬念、有转折、有寓意、有趣味。这样的课文如果只是在课堂上让学生分角色朗读几遍，是不足以让学生充分体会文本的上述内涵的，如果能把这些课文作为绘本故事进行表演，就可以加深学生的理解和感悟。老师在引导学生从所学课文中选定适合表演、有发挥空间的课文方面可以提出参考意见。

例如，三年级上册的 "Sam is Swimming In A Puddle"、四年级上册的 "Magic Paintbrush"、四年级下册的 "Wolf，Wolf" 及五年级上册 Sam 和 Amy 争抢 "T-shirt" 的 "It's Mine" 等都是适合表演的素材。这些内容宜采用绘本教学方式,以故事发展为线索,揣摩人物的心理,用适当的语气、动作表现出来。另外,作为表演素材,如果直接按照课文走下来往往是不够的,要增加过渡、解释、引申、演绎性语言、动作和情节,通过改编使得故事发展更合理、自然、完整。

四年级"Wolf, Wolf"一课,十几个学生分别扮演"the boy""the wolf""sheep""the people in the village",课文中的一句话"The boy was bored."可以改编为男孩子说"Yesterday I looked after the sheep. Today I am looking after the sheep. Tomorrow I will look after the sheep also. Oh, my god, I'm bored... All right, I've got a great idea!"。这样先表述出男孩的内心活动,再出现下一步"He ran to the village and shouted 'Wolf, wolf!'"衔接就很自然了。增加的内容中运用了一般过去时、现在进行时、一般将来时来重复强调"look after sheep"这件事,在完善剧情的同时兼顾了时态、词汇的学习。

在"Magic Paintbrush"一课中,"Maliang""bad man",一个代表正义,一个代表邪恶,课文中马良帮助没有粮食的"old woman"画出一袋米变成了真的,学生们表演时增加了马良帮助没有书的"little boy"画出"a Chinese book"的情节。还设计出"bad man"冷酷拒绝帮助"old woman""Go away, I don't help people. I like gold.""The old woman was disappointed and left."的情节。基于课文,又不拘泥于原文的表演,使学生形象地运用和理解了故事中的词汇和句型,通过语气、语速、动作表现出鲜明的人物性格,有利于学生加强对语言的感受和记忆。

教材附录的"Reading for Pleasure"

上面分析的适合表演的课文数量是不能充分满足学生需求的。教材提供的 Reading For Pleasure(快乐阅读)中的短小精悍的绘本故事,可以作为一种便捷的补充。三、四年级每册书后面配有一则故事,五、六年级有两则。*The Leaf*(《树叶》)、*The Different Duck*(《不同鸭子》)、*Three Little Pigs*(《三只小猪》)最受欢迎。*Three Little Pigs* 表演的成功之处在于形式上的突破,既有对话,又有歌舞,轻松活泼,画面灵动。在表演 *The Leaf* 时,场景转换有 woods(树林)、home(家里)、fair(集市)、court(衙门),特色道具是学生动手制作的大小、形状、色彩各异的 leaves(叶子),集市上成袋的 rice(米)、corn(谷物)、rooster(红冠公鸡)。财迷心窍的人在家里举着各种叶子急切地询问妻子:"Can you see me?"

妻子一边做饭一边应答他"Yes, I can",直到最后终于不胜其烦地看也没看地回答"No, I can't"。在场景和道具装点营造的氛围里,学生的语气和表情都融入角色的情绪中,塑造的人物形象栩栩如生。

🌱 课外绘本读物

从琳琅满目的课外英文读物中选材开阔了学生们的眼界。*Little Red Riding Hood*(《小红帽》)、*Snow White And Dwarfs*(《白雪公主和七个小矮人》)等大量的绘本作品搬上了舞台。一些广受欢迎的经典故事被学生们进行了多次的演绎。如 *Little Red Riding Hood* 的表演就有两个版本,2012 年的版本比较简洁、幽默,hunter(猎人)和他牵着的猎犬的扮演者是两个五年级的双胞胎姐妹,为了能参加演出,姐姐在没有一句台词的情况下仍坚持让扮演猎人的妹妹用一根粗绳拴在腰上蹲着走,作为老师的我都觉得这实在有损小姑娘的形象,于心不忍,而她却因为能够参加演出而毫不介意、积极争取,由此可见这种表演活动对学生有多大的吸引力。2017 年的版本故事比较完整,背景画面精美,添加了敲门声等音响效果,显示了现代化技术手段在绘本表演中的作用。

花费的时间和取得的效果有时是不匹配的。比如一个男生讲了关于 Puss(猫)的故事,这是一个篇幅较长的故事,三年级的他居然能背诵出,可以想象他一定耗费了相当多的精力。但在预演的时候出现了台下观众走神、聊天的问题。预演效果差的原因是:第一,没有足够的图片和文字提示,观众听不懂;第二,长时间没有明显面部表情变化的背诵式表演没有观赏效果。之后这个男生在老师的建议下精简出绘本的主要情节,缩短了讲解时间,设计了辅助理解的图片,增加了适当的语气、表情和动作,在正式演出中取得了截然不同的良好效果。

🌱 影视对白

影视对白是学生们投入很多热情的绘本材料。*Frozen*(《冰雪奇缘》),*Kongfu Panda*(《功夫熊猫》),*Wimpy Kids*(《小屁孩日记》),*Find Nemo*(《海底总动员》),*Charlie And The Chocolate Factory*(《查理的巧克力工厂》),*Alice in Wonderland*(《爱丽丝梦游仙境》)等大量影视片段被学生们反复选用,从开始的模仿语音,到模仿语气、动作,一直到完全融入变身为影片里的角色,他们在这个转变的过程中为自己,也为合作伙伴的进步感到惊喜着迷。

🌱 学生自编绘本

当有的学生不再满足于现有的绘本,"别出心裁"地想要自编绘本的时候,老师千万不要担心只学了几年英语的小学生是否已经具备这种能力,更不能不让他们尝试一下就直接拒绝。事实上,发自内心地去做事情的结果往往是令人惊讶的。

我所在的金门路小学学生自编绘本的作品有两类:一类是基于课程教材,整合或改编而成的绘本;第二类是纯粹基于兴趣创编的绘本。

基于教材创编的范例列举以下两个。

例一:*Fortunately And Unfortunately*(《幸与不幸》),是一位女生整合了外研版《英语》(三年级上册)十个模块的内容创编的。

例二:*Happy Halloween*(《快乐万圣节》)是一位男生根据五年级学习的"Halloween"一课进行了延伸。课文中万圣夜孩子们去邻居家敲门要糖的"trick or treat"的环节引起了学生们普遍的兴趣,于是这位男生将这个情景改编成"Children go to the houses of a spider, a witch, a skeleton and a mummy"这些去邻居家要糖发生的妙趣横生的故事。

基于兴趣创编绘本的一个典型范例是 *Alien Invasion*(《外星人入侵》)。随着人类对太空探索的科幻电影层出不穷,天马行空的思维方式尤其适合男生,六年级两个英语水平并不突出的男生借助网络软件将他们构思出的外星人入侵地球的情节翻译成了英文绘本故事。在得到老师的肯定和支持后,他们信心满满地筹划着将绘本故事编排成五个人的舞台剧。他们不知疲倦地寻找契合剧情的背景音乐、服饰,并恳请班里一个巧手女生帮他们用废纸壳制作了道具。最终他们充满童趣的奇思妙想、幽默搞笑的表演,使得这个原创故事成为英语节最受瞩目和欢迎的节目,令台下的小观众惊呼不已。事实证明,孩子对于他们感兴趣的课题所展示出的执着和潜能以及付出的巨大努力是成年人无法估量的。

自编绘本符合学生的好奇心和想象需要,让喜欢"冥想"的学生有了施展特长的机会。从实践效果来看,第一类基于教材的整合演绎对课程内容的学习和巩固有比较直接和明显的辅助推动作用;第二类原创的作品生动鲜活、有时代感,能激发起学生强烈的主动学习的愿望和动机。

　　绘本阅读与每年一度的英语节校园特色活动的牵手为绘本学习注入了动力和活力,为学生的广泛参与提供了展示的平台,提高了学生的多元文化意识。变化是显而易见的,从以往大家一起打开一本书,变成各自寻找自己喜欢的书;从个人研究到合作分享;从掌握知识到提高能力;从侧重记忆到兼顾创新。这样的绘本教学方式也促使老师将培养人才的眼光放宽、放远,教学方式脱离单一刻板、守旧的套路和程序化的过程,不受一本教材教学内容的限制,跟学生一起追求人本化、个性化、多样化的发展方式。这就是绘本教学借力校园英语活动之后发生的显著转变。

焦点讨论法在英语课堂中的落地

——《英语》(四年级下册)Module 7 Unit 1 问题设计案例

🌱 本单元问题支架

依据焦点讨论法的四个层面问题,我设计了本单元语篇的问题支架,力图调整教与学的课堂占有比例,达到学生对时间相关话题的语言知识的自主建构。

第一,客观性问题(objective question)。观察对话中的第一幅(图 1)和最后一幅图片(图 2),小男孩萨姆的表情是怎样的。(Say how Sam feels in the two pictures.)

图 1
(引自《英语》(四年级下册))

图 2
(引自《英语》(四年级下册))

第二,反应性问题(reflective question)。为什么有这样的变化? 8 点钟之前发生了什么?(Describe what happened before 8 o'clock.)(图 3)

图 3
(引自《英语》(四年级下册))

第三,诠释性问题(interpretive question)。如果你想在 8 点钟看一个卡通片,现在是 2 点,你将会做什么?(If you want to see a cartoon film at 8 o'clock, it's only 2 o'clock now, what will you do before 8?)

第四,决定性问题(decisional question)。填写自己的周末时间表,通过询问、交流了解同伴周末的作息及活动安排(表 1),并分析判断其是不是周末良好的作息习惯或者积极适当的活动内容。(Fill in the blanks of weekend routine. Discuss what are good habits and positive activities.)

表 1　我的星期六 / 星期日(My Saturday / Sunday)

———	———	———
get up		
———	———	———
		go to bed

You may need(你填表时可能需要下面的词):get up / have breakfast(lunch, dinner)/ read books / see a cartoon(film)/ do homework / play chess ♪ / play the piano / go to dance(English, art)school / wash socks 🧦 / tidy the room / go to bed / …

⚜ 实验反思与分析

课堂中老师提出的问题应该立足教学目标的达成,即先确立目标,再搭建问题支架。我在尝试运用焦点讨论法设计问题的过程中理念有了更新,但同时也遭遇到了操作层面的困惑。

突破点

本课依据焦点讨论法进行的四个层次的问题设计符合布鲁姆的教育目标分类法,问题设计由简单到复杂,由明确无歧义到开放多角度。

客观性和反应性问题跟新授的文本内容联系紧密,学生会关注到文本的人物情绪状态的变化及其原因,并自然地、高频率地运用关键词汇和语句来解答问题,从而达到了布鲁姆教育目标分类中的前两个目标——知道(knowledge)和领会(comprehension)。

诠释性问题指向应用（application）和分析（analysis）目标的达成。让学生思考怎样安排看卡通片前的六小时的活动,将本课学习的时间表达和活动方式应用到实际规划中,使他们的英语表达能力以及逻辑思维能力在情景实践的语言任务中得到有效的锻炼和提高。

决定性问题有助于达成综合（synthesis）和评价（evaluation）目标。这个问题在设计时充分考虑了信息差的因素。平日在学校里学生的时间和活动安排基本是同步的、可知的,而周末则是因人而异的,所以填写周末作息活动表格就会有信息差,有询问、交流和讨论的必要性,自己与伙伴的周末安排对比的过程就是判断和评价的建构过程。

疑惑点

如何将焦点讨论法的四层问题与行为目标的落实相对接?行为目标理论强调目标制定的三个要素:行为动词、行为条件和行为标准。在针对教学材料设计具体问题时,行为动词的使用是一个难题,有时能找到契合的对应动词,有时却很牵强。比如在这堂课上无法清晰地界定各个层面的目标,不同目标所使用的行为动词是有差别的,但在这个单元的问题设计中遇到了知识和应用有交叉,应用和评价难以分割的时候,该如何选择行为动词呢?我认为应当将理清问题设计与学生知识建构目标之间的对应关系作为今后进一步实践和研究的难点和重点。

结语

通过具体的教学案例的设计和研究,老师才能深刻理解支撑焦点讨论法的教育理论基础,并能正确使用焦点讨论法的工具和方法解决教学中的实际问题,逐步达到以下的问题设计模式目标:课堂上教师能提出开放的探究性问题,搭建适切的问题支架,营造宽松的讨论氛围;学生能回归主体地位,乐于参与讨论,自主建构认知体系。

小学英语教学课前活动有效性研究

《义务教育课程标准实验教科书英语(PEP)》信息量增大,需要教师积极研究提高课堂教学效率的有效途径。我选择了课前活动有效性的课题,从细节入手,针对课前活动环节,即学生打开课本前的这段时间的设计进行了扎扎实实的专题研究,取得了阶段性的研究成果,并对课堂教学其他环节设计的优化起到了推波助澜的作用。

课前活动环节在整堂课的定位

第一,课前活动首先应是一种热身活动,让每一个学生在轻松的气氛中开始学习。

第二,课前活动是集中学生注意力的阶段。

第三,课前活动是将掌握的英语知识进行交际运用的手段,比如"free talk"(自由对话)、"speech chain"(对话接龙)、"cooperate to do conversation in a little group"(小组合作对话)等,都是在运用语言进行交际。

第四,课前活动是温故引新的过程。现行教材都比较注重知识以滚动的形式出现,如果能利用好这一特点,让学生找到似曾相识的感觉,可以在上课起始从心理上大大降低学习的难度。

课前活动要把握的几个原则

一是学生参与面要广。学生的参与率力争达到100%,这样才能避免部分学生预热而未热。

二是时间要短。避免喧宾夺主,本末倒置,冲淡主题,应该为新授内容的重点和难点留出充足的时间。

三是分层设计。分层教学既然是降低两极分化的最有效的途径,那么就应该在课前活动的第一环节就予以落实,这也是提高参与率的途径。

四是与新授内容有相关性。尽量去发现与新知识的结合点,让课前活动为新授知识服务,不能单纯为展示学生的能力而表演。

五是结合教师自身的特长和能力,不求表面的新颖和热闹,有效才是唯一目的。

🌱 课前活动法推介

谈话活动

在新课内容呈现之前,师生围绕一个和多个话题使用英语自由交谈。在这一课中,Sarah 和 Chen Jie 谈论她们周末最喜欢做的事,设计如下谈话内容:"How many days are there in a week? Do you like weekends? what's your hobby? What do you do on the weekends?"。通过师生的谈话不知不觉进入新课主题,这样的活动使得从旧知识到新知识的过渡比较自然。

环境利用法

有些新授的词汇或句型是可以直接从课堂中取材的,可以运用课堂实景导入。比如天气、日期、方位、衣着、长相、体形、情绪等可以借助课堂环境的资源就地取材,直观、具体、形象地导入。

歌曲、童谣吟唱法

歌曲、童谣吟唱法有利于营造轻松、活泼的课堂氛围,可以让孩子感到愉快,边唱边跳既可以起到热身作用还可以帮助学生理解、记住所唱的内容。另外还可以在新授内容之后将导入环节中的歌曲、童谣进行改编,可以使前后呼应,增加环节设计的整体性。

游戏活动法

有兴趣点、有悬念、有竞争的游戏总能激起绝大多数学生参与的积极性。

任务型活动

用英语来完成有实际意义的语言任务是让学生体验英语学习乐趣的最佳方式。比如看图播报国内各地的天气,调查最受欢迎的食品。

合作表演法

采取这种形式时,要注意以下两点。

(1)评价要从合作默契的角度而不是从单个学生的角度。

(2)因为合作表演一般用的时间相对长一些,所以要让听众也有事可做,可以根据合作表演的内容提问,使他们集中注意力去看、听、理解,也可以让他们参与评价。

复习检查法

这种做法的优势是可以反馈学生对所学知识的掌握情况以及复习和作业完成情况，以便老师了解和指导。另外，如果老师布置了作业而没有检查反馈，则达不到督促学生及时复习巩固的目的。但是采取这种方式务必要注意以下两点。

第一点是高效。以点带面，老师只抽查个别同学，确保占时要少。

第二点是控制好情绪。检查反馈以鼓励、表扬为主，批评、提醒为辅，即使对经常不能完成任务的学生也不要过多地指责，与其让全班学生陪着听批评，不如平静而简单地分类记录一下检查中的问题，一段时间后再集中处理，采取个别谈话、辅导或跟家长沟通等多种措施。与当堂即时的热处理相比，这样的冷处理能使老师保持理性、控制情绪和节省时间。

作为一名教学质量受到各方关注的英语老师，我的责任大，负荷重，只有多花心思在提高课堂环节的优化和有效性上，发挥好课堂教学的主渠道作用，才能在提高教学质量的同时，将减轻学生的课业负担落到实处。

非"祸水","活水"也！

—— 激活课堂中的比赛活动对学生参与的驱动力

本文从英语课堂上发生的故事展开，探讨比赛活动这一有争议的课堂活动形式的存在意义；从实践中的组织形式、计分方式、奖励措施、实验数据几个方面梳理和总结在课堂实践和实验中的认识和收获；同时思考和初步确立进一步深化和发展的方向。

🌱 课题确定的背景

小学生的年龄特点决定了大部分学生是活泼好动、争强好胜的。在课堂上开展比赛活动总是能让课堂气氛活跃、热烈起来。可是很多老师感觉在组织比赛时课堂纪律难以控制，学生常常对老师的分组方式、打分标准有异议，时常发生学生之间、师生之间的争论，占用了时间，导致教学计划完不成，所以很多老师逐渐少用甚至不用课堂比赛活动了。

我身边发生过一个跟比赛相关的典型案例。五年级某班的学生在英语课的听写比赛中争执起来，还有一个学生哭了。这位英语老师在课堂上费力地安抚了学生的激动情绪，谁知课后竟然还有七八个同学追到办公室找老师辩论。这位英语老师无奈之下让他们找班主任解决，结果学生回来报告说班主任也解决不了，因为班主任的课上也出现过这种情况，所以班主任已经很久不组织比赛了。这位英语老师面对这样的局面，决定以后还是不要在这个班开展课堂比赛活动为好。奇怪的是第二天那位哭过的学生来找英语老师问今天比不比赛了，当得到否定的回答时，轻轻地噢了一声，失望地走了。

英语课堂中的比赛成了老师眼中的"祸水"，那么可不可以把它变回"活水"呢？我们决定借助课堂观察的监控作用来激活比赛活动对学生参与积极性的驱动力，最大限度地找到并解决操作环节中因考虑不周全产生的不利于学生心智发展的问题。

课题实践的足迹

研究比赛活动的组织形式

形式一：分组比赛为主，个人比赛为辅。以团体为单位的比赛有利于合作，个体表现融入集体表现，以提高协作意识。

形式二：按座位分组为主，按性别分组为辅。按座位分组便于邻座的学生练习对话、交流讨论。虽然学生有时更喜欢男、女分组，但是实际操作起来时常会发现他们有一些干扰语言任务完成的情绪，特别是五、六年级进入青春期的学生尤为明显。

形式三：主动发言为主，指定发言为辅。为了使学生能主动发言，老师设计问题时要做到：一是要考虑到对学生学习兴趣的激发，提出的问题是学生乐于思考和回答的。二是要考虑难易程度，不同层次的学生能够回答出来。在此基础上，适当使用指定发言的办法，让胆小、内向或有逃避心理的学生也参与到比赛中。如我经常使用"special number"指定发言。比如周三的课上我会说"Today is Wednesday. So the special number is 'three'."，然后数到三的同学就必须回答问题了。还有两组互相指定同学发言的"挑战"环节，比如句型汉译英和单词背诵都可以使用这种方式，当然被指定的常常是暂困生，每当某位暂困生出乎意料地回答出来时，班级里就会响起激动的掌声，这要比老师的表扬来得更有力。

多样化的计分方式

方式一：加分式。总得分 = 发言得分 + 参与人数 − 不参与人数 − 其他（如违反纪律、埋怨同伴）。具体操作：两个组轮流发言，答对加分。当学生有特别精彩的发言时，可以获得双倍加分。《英语》（四年级下册）"Module 9 Unit 2"课后练习中的"Why & Because"游戏，有个男生问："Why can't dinosaur run?"一学生回答："Because it is a fossil."还有一个学生问："Why is fish in the prison?"另一学生回答："Because in English, fish has the meaning of suspect（犯罪嫌疑人）."双倍加分对于学生主动获取新知识以及关注语言的准确性上起到了推动作用。

方式二：参与情况计分。根据当堂课比赛问题数量与学生数量的比较采取参与人数加分和不参与人数减分的方式。比赛规定，首次发言的学生举手时伸出食指表示第一次发言,老师会优先让这些学生回答。有了这个规定后,学生回答问题的积极性被大大调动了起来,为了增加参与人数,在多人举手的情况下,他们会互相提醒让本组没发过言的同学回答,还会主动去教发言有困难的同学。他们一方面确保本组的发言率,另一方面会监督对方组的参与情况。在这种你追我赶的氛围下,发言率不断提升,偶尔出现发言率100%的可喜局面。

奖励措施的制定

比赛结果出来后,老师要给予相应的奖励。奖励的方式有两种:一种是跟班主任的加分合并,由班主任按照累计分数统一奖励;另外一种就是减免少量的书面任务。学生对第二种方式情有独钟,当老师布置重点句型抄写翻译作业,获胜组可以免翻译时,这点小小的奖励就会让他们兴奋得手舞足蹈。

我们还尝试过没有任何奖励的热身友情比赛,发现只要问题有层次,活动形式有吸引力,学生参与的热情同样很高,并不介意有无奖励。

实验数据的分析

经过一个学期的实验,学期末我统计了任教的三个班的学生对比赛活动的意见。六年级一班全班44人都喜欢;六年级二班36人中只有一个男生不喜欢;四年级四班39人中有28人喜欢,11人不喜欢。喜欢的原因普遍是对比赛活动感到很有趣,有挑战性,提高了学习积极性,同学间加强了互动、互助、交流、合作。不喜欢的原因是感觉有压力,怕同伴埋怨。从以上统计数据得出的结论是,比赛活动受到大多数学生的欢迎,即使有一定压力,他们也乐于接受这种挑战。

比赛驱动研究与课堂观察研究的链接

目前已有的课堂观察量表大多是在有多位老师参与听课的情况下使用的,在日常教学中,老师难以做到边讲课边观察和记录。然而在比赛驱动教学课堂上不是老师在观察和统计,而是转变为学生进行观察,学生观察的结果比老师更细致、更准确、更全面。他们既观察自己所在组的同学的表现,还会留心观察对方组的情况。他们对于老师提问的机会是否均等、计分是否公平合理等也会随时参与意见,使课堂观察活动贯穿于每一堂有比赛活动的常态课中。

课题进一步深化的方向

本着小处着眼、细节着手的原则,我们研究解决了分组人数不相等的问题、小的语误不扣分的问题、发言机会均等的问题。针对比赛活动中仍然存在的问题,我们下一步将进行以下两方面的研究。

如何兼顾问题的数量和深度的问题

问题数量多可以给更多学生发言得分的机会,防止发言面过窄。同时老师还应该考虑如何提高学生的思维深度和语言表达的完整性。目前的课堂上即时性回答的问题占了主流,课堂问答的节奏很快,但更有利于学生间信息交流、思维发展、合作探究的,往往是需要慢下来,允许学生花费时间先讨论、合作、准备后才进行反馈的有深度的问题。这两类问题的时间分配值得研究和推敲。

如何兼顾学生的不同学习动机类型

学习动机分力求成功型和避免失败型。力求成功型的学生会主动发言、多次发言;避免失败型的学生则会采取保守、躲避的方式,当然考虑到参与人数统计的因素,他们也会努力参与一次,确保不会扣掉本组的参与分就算完成任务了。对于这种现象,老师除了用"special number"和两组互相挑战的方式不让这些学生游离于课堂活动之外,还可以尝试提前布置下节课的比赛内容,让学生有充足的准备时间,以免课堂上措手不及。这就要求老师提前备课,在设计课后任务环节时有所规划。这样可能会给害怕失误、不敢参加比赛的同学增加更多的机会和自信心。

"老师,今天有比赛吗?"现在一进教室就会有学生这样问我。这些学生里面不乏学习水平在班级平均水平之下的同学,看得出这部分学生对比赛活动的兴趣也挺高。有时我也会在上课前征求一下大家的意见,在大部分学生表示喜欢时才进行比赛,偶尔也允许个别同学不参加本堂课的比赛,给他们以充分选择的权利,确保在比赛活动的课题研究中老师设定的目标是基于尊重学生意愿和关注他们心理需求的。

提升小学生英语核心素养的智慧化＋多元化评价研究

中央全面深化改革委员会第十四次会议审议通过的《深化新时代教育评价改革总体方案》中提出了过程评价、综合评价和增值性评价在英语教学评价中的必要性，与之相对应的，《义务教育英语课程标准》(2022)的评价建议是教学评价要将形成性评价与终结性评价相结合，定性评价与定量评价性相结合，使评价全面、准确、灵活。

🎺 研究中的创新点

多元化评价方面

通过评价内容、评价形式、评价主体的多元化研究，充分发挥出英语教学评价的诊断、反馈、导向和激励功能。老师在引导帮助学生掌握语言知识和语言技能的同时，全面关注对学生学习状态、情感、态度、价值观的评价。

第一，评价内容多元化。

老师不能只根据学生的学习成绩来判断学生的学习水平，而是要从多方面去考察他们。学生是有思想、有生命力、不断发展的个体，学习成绩只是评判学生学习水平的一方面。老师在教学中应对学生的思维能力、创新能力、实践运用能力等方面的表现都给予充分的关注，给予客观、及时的评价，以评价内容的多元化促进学生英语学科素养，即语言能力、文化意识、思维品质、学习能力的全面提升。

评价内容的多样性与学习内容的多样性是密切相关的。教学可以针对学生所感兴趣和有利于思维发展的方向进行，当讲到一个学生很感兴趣的话题时，无论是授课还是作业都可以进行适当的延伸。比如学习了一些卫生规则之后，依据学生已有的生活经验和体会设计了绘制"Health Tip"（健康贴士）思维导图的作业，在对作业进行反馈时，老师对学生的创新思维方面给予点评和鼓励。

评价内容围绕《义务教育英语课程标准》(2022)中的英语学科核心素养的四个要素,每个要素对应八个维度。其中,要素一:语言能力有感知与领悟、内化与整合、解释与赏析、交流与创建八个维度;要素二:文化意识体现为比较与判断、调适与沟通、认同与传播、感悟与鉴别八个维度;要素三:学习能力体现为主动与进取、监控与调试、选择与获取、合作与探究八个维度;要素四:思维品质体现为辨识与分类、分析与判断、概括与构建、批判与创新八个维度。这些评价具体化为听讲、纪律、参与、合作、作业、纠错、表达、阅读、分享等方面,比较全面地关注了学生英语学科综合素养的发展。

第二,评价方法多样性。

老师一般采用诊断性评价、形成性评价、总结性评价三种方式客观、全面地评价学生的发展状况。诊断性评价主要是针对性的专项测试,如听力、阅读、词汇,师生可以了解优势和薄弱环节所在。形成性评价即过程性评价,让学生在解决问题的过程中培养独立思考的能力,不会因为结果的失败而沮丧,这种评价也属于增值性评价,承认学生的个体差异,肯定学生的努力,可以让学生按各自的节奏积极发展。总结性评价不是一次考试成绩,是结合过程性评价结果给出等级和报告,重新定义了期末考试的作用,它是学业水平的证据之一,而非唯一,减轻了学生"一考定成败"的压力,也改变了部分学生轻视平日的学习积累、考前临时突击的学习习惯。

第三,评价主体多样性。

评价主体有教师、同学、学生本人,三者互相参考,互为补充。

首先,在教师评价方面,将观察法运用于学生的情感态度,书面检测法运用于知识技能。作业布置多样化,充分考虑学生个性和特长发展(说、唱、讲、演、画),作业形式越开放越能激发学生的探索精神。作业批阅时要细致地通读,提供有价值的建议,提示不同的思考角度。经常使用"三明治"评价法——"好在哪里?不好在哪里?如何改进?",这样的方法增进了师生间平等、有效的交流。作业布置分层,每个单元一般会有 A、B 两套书面作业可选,学生按照自己对知识巩固的需要自由选择。

案例一:包容性。一年级学习"big, strong, little, cute"时,课文中主要是"big, strong"搭配,"little, cute"搭配形容动物,但是小葛同学坐在座位上小声念叨了一句可不可以"little and strong"呢?对于这个细节老师并没有放过,当然不能当作不遵守纪律(不举手就发言)去追究,而是作为一个很好的开放性和趣味性的问题让学生去思考,有的说是"ant, mosquito",大家听后都会心地笑了,笑声中对这几个词语的理解和记忆更加深刻了。所以评价的角度决定了教育和教学的效果。

案例二:从交际实际出发。《英语》(四年级下册)"Module 6"学习包含"will"将来时态一课时,一般疑问句的肯定回答是"Yes, I will",否定回答是"No, I won't"。老师结合课文内容提出一种假设,"Lingling is good at Art too. If Amy asks her 'Will you stick the pictures on the newspaper?' What will Lingling answer?"小王同学回答"No, I wouldn't",同学们纠正说是"No, I won't"。确实后者才是课文中学到的,可是老师肯定了小王同学的说法,夸赞她使用wouldn't要比won't更委婉和客气一些。所以对于学生的表达方式不要局限于应试需要,而要立足语言的交际使用,能跳出教材内容进行适时、适当的拓展和补充。

其次,同学评价是在演讲、展示后,从演讲者的发音、课件、内容、仪态等方面分析,建议奖励几颗星。经过课堂上坚持不懈地提供给学生充足的锻炼时间,一年来,我所任教的二年级和五年级学生都能全面、客观、大胆地进行评价了,学生的演讲水平也日渐提高。小组比赛活动中,他们互相纠错或补充可以加分,所以学生形成了认真倾听、判断分析、表达严谨的自觉意识。

最后,在学生自评方面,教育学家布鲁纳曾说:"教师不仅要对学生进行科学评价,还需引导学生主动进行自我评价,将自己的身份从知识传授者迁移到学生学习的促进者。"我在书面检测卷上增加了"自我评价"的选项。第一个示例是从学习习惯和态度方面自评,第二个示例是书写规范自评。如果老师认可则会在学生自评后画对号,不认可画问号。这样既尊重了学生的意见,也表达了老师的看法。老师提供参考意见,而不是画错号直接去否定,营造了民主宽松的评价氛围。

评价主体多样性改变了以往教师一言堂的模式,同学评价有利于同学间的彼此沟通,增进他们之间的情感,使他们共同进步,取长补短。学生自评有助于学生自我反思,形成对自己的正确认识,培养学生的独立性、自主性和自我成长的能力。

智慧化评价方面

我使用智慧化评价助力达成有效评价的五个标准:评价学习的重要目标;用各种评价方法满足不同的目的;评价方法或工具可操作性强;将评价贯穿在整个学习过程中;使学生参与到评价的过程之中。使用的评价工具主要有学优评、海信互动课堂、希沃白板、钉钉、QQ、微信。

第一,学优评在过程性评价中发挥重要作用。在原有评价指标基础上,我增加了一些新的项目,涵盖了学生从课堂学习到课后练习,使其从教材学习到课外拓展的方方面面都可以获得充分的关注和肯定。学优评积分到一定分值可以获得免作业卡或奖品,大大调动了学生的积极性和上进心。

第二,海信互动课堂的分组比赛功能适合小学生争强好胜的年龄特点,参与人数、发言质量、纠错补充、新颖独特等计分办法都经过师生多轮充分讨论,力争达到民主、公平、科学、合理。互动课堂中的随机抽人功能因为充满悬念和不确定性,所以特别受学生欢迎,当然也驱使每个学生都要努力为比赛做好准备,压力和动力并存。从实践效果来看学生没有消极逃避的,都在原有基础上有所进步,老师也会特意指出这些进步,慢慢地,组员间的互相埋怨少了,增进了彼此的理解、包容、认可和信心,这是团队合作中应具备的技巧和心理要求,对于大多数仍然是独生子女的学生来说,在班级里开展一些既有竞争又有合作的活动尤为重要,具有现实适应性意义。

第三,希沃白板中的游戏功能发挥了激发学生学习兴趣的积极作用。老师根据教学目标和内容原创了生动活泼的游戏,学生对使用所学知识参与游戏抱有热切的期待,都想通过游戏验证和评价自己的学习效果。更可喜的是五年级一位爱好编程和信息技术的学生主动找到老师提出想自己设计游戏,跨学科创作的冲动自然地产生了。

第四,钉钉的作业功能主要用于学生课文朗读、背诵、口头作文等口语作业的视频提交。优秀作业的推荐是老师对学生及时的肯定;在评语方面老师增加了很多有个性化和针对性的自定义评语;在纠错时注重突出重点,以点带面,而不是面面俱到,为学生独立思考适当留白。

第五,微信是家校沟通的通信工具之一。老师通过微信实时地推送学生的作品,如创意手抄报、课外阅读分享与演讲的照片和视频,家长能通过平台了解自己孩子及所在班级同学的发展情况,并发表观点和建议,达到了家校协同育人的效果。在阶段性地集体反馈学业情况时,书面作业类用不同的标记表示完成好的、有错待改、未按时提交等;测试类的是等级评价,并且会遮挡姓名来保护学生隐私。

仍存在的问题

第一,学生自我评价和反思的机会不充分,没有激发起学生自我评价的动机和动力。比如纠错环节主要是老师指出或者学生互相纠错,如果老师适当提醒或留出一点思考的时间,学生自我纠错的效果会更好。演讲、讲故事、阅读分享活动有老师、同伴点评,也应该有表演者的自我点评。

第二,诊断性评价偏重于基础知识的词句掌握情况,缺少阅读、写作等运用和创新类专项诊断评估。试题内容应以完整、真实的任务考查学生对知识理解、能力应用的水平,体现新课标"做中学""用中学"的要求。

第三,增值性评价的作用不够突出,没有显示出其对学生的差异性的评价,激发斗志的作用也不够持久。

第四,电子档案袋的建立处在以老师为主的阶段,没有调动学生参与作品和成果资料的提交、积累、筛选和整理的积极性。另外,作品的交流也仅限于班级,没有扩展至年级和学校范围。

第五,评价量规设计不规范,使用频率不高,评价方法随意性、盲目性和主观性较强。应多多参考量规资源库,借鉴并制定适合不同教学环节或学习形式的评价量规和评价指标,要求表述合理,权重分配适当。

进一步研究的计划及可预期的成果

一方面,在课题研究的最后一个学期的初期就要跟学生提出预期,师生共同讨论评价标准和奖励办法等,指导学生制定自己的学业标准,对自己的评价进程和质量承担责任,并进行阶段性自我反思。

另一方面,针对存在的五个问题研究改进、完善方法,寻找解决的途径。

第一,创设机会让学生进行自我评价,提供相应的评价标准帮助学生对过程和结果进行评价,及时发现自身知识的薄弱点,提高对自身的认知,自主反思和调整学习策略。

第二,通过多元智能自查表、学习风格自查表等工具提高诊断性评价的科学性,运用行动后反思(AAR)框架提高课题研究中的反思质量和效果。

第三,增值性评价运用学优评的随堂评价功能奖励学生在每节课上的亮点和进步,运用周积分和总积分做较长周期的增值性记录,让学生从自己的点滴进步中获得成就感,或者重拾信心。

第四,电子档案袋的资料收集、存储由师生共同完成,老师负责班级档案部分,收集班级各类别有代表性的作品,学生做好自己资料的上传整理,电子档案袋的管理做到可视、易查、易交流、易自评和互评。

第五,按照步骤设计评价标准和量规,其应用前老师通过讲解让学生学习、讨论、练习、评价,学生在发表评价意见时能使用量规术语。

第五部分

经历润养

5

传递—全接触

—— 2012 年加拿大研修汇报

Dear teachers, happy the year of snake!（老师们,蛇年快乐!）今天我汇报的题目是"传递—全接触"。

把中国悠久的文化传递到加拿大

出国前,我发动学生准备送给加拿大友人的有中国元素的礼物。他们准备了国画、书法、苏绣、风筝、皮影、剪纸、崂山茶叶等,并附上了电子邮箱地址。在加拿大,我把这些礼物分别送给了校长、老师、学生和家长,其中一位老师把一对泥老虎摆在教室里让全班学生欣赏。他们通过这些礼物了解了东方文化,还通过电子邮箱跟准备这些礼物的学生成为笔友。在我回国前我班上已经有同学收到了加拿大发来的邮件。一个四年级 gifted class（天才班）的加拿大小姑娘在收到礼物的当晚就写好了卡片,并用胶泥制作了四个小彩虹让我帮她送给四个中国小朋友。

虽然准备礼物并不是上级的指令,但我主动去做了,不远万里地把学生的礼物带过去了,这样就可以把一个人的出国研修机会扩大为更多学生开展国际交流的机会。

传递加拿大教育信息回中国

第一,中加两国自然条件的比较。中国陆地面积约 960 万平方千米,人口13 亿多;加拿大陆地面积 998 万平方千米,人口约 0.3 亿。加拿大面积更大,人口却只有中国的 1/46,所以上午 10 点的街道上难见人迹,只有偶尔觅食的松鼠在草坪上跑过。学校里每个班级大约 20 人。Classroom teacher（班主任）包揽除音、体、美以外的所有学科,不过他们会连续教同一个年级三年或更长时间。

第二,四年级班主任 Philip（菲利普）老师在她所任教的语言课、数学课、戏剧课、社会课上总是充满活力。她已经 53 岁了,她的"年轻"来自专业精神,更来自对学生发自心底的爱。她还慷慨地让我尽量多地挑选她的文字资料,还主动把电子资料拷贝到我的 U 盘上。不过当听说我的班上有 40 多个学生，纪律也像她的班级一样好时，她很震惊，很感兴趣地询问了我的一些有效的管理方法。在加拿大的学校里，学生可以围坐在一块大地毯上听老师讲数学故事并解题；从寒冷的室外进到室内后可以把厚重的鞋换成轻便的室内鞋；上课的室内体育馆又宽敞又干净。这些优越的条件源于加拿大的地大物博、人口稀少，那么加拿大人的节约意识怎样呢？看，在教室里提供的纸张中，既有大白纸、有格纸、无格纸，更有 "good on one side"（一面好用的纸），学校提倡的是资源再丰富也不能浪费的思想。

第三，加拿大重视差异教育，采取多种教育力量相互协作的方式。两份水平相差悬殊的作业都来自 gifted class 的学生，所以当我们苦恼于两极分化严重的时候，gifted class 的老师也面临同样的问题。看，老师也会把阅读有困难的学生集合在一起个别指导，小范围的辅导都是日常性的，即使有观摩的中国老师在，单独辅导时的师生表情也很淡定，学生跟老师一样理解和接受差异无处不在的自然规律，并不会因为自己的短板而感到难堪。

第四，思想行为教育突出的是生动形象和环境营造。刚满三个月的加夫就跟妈妈来到了幼儿园。幼儿园小朋友观察加夫，看到他只比布娃娃高一点，都很喜欢疼爱他。老师从幼儿园开始培养小朋友对更弱小生命的同情心，反对以大欺小、倚强凌弱的欺凌行为。菲利普老师在教室门边上写着：在这间教室里你可以犯错。在她的班里没有哪个学生会担心因为犯错而受到严厉的批评，因为"可以犯错"，老师把犯错的权利还给了可以犯错的孩子，孩子不正是在跌跌撞撞中越走越稳的吗？教室墙报上还这样写道："从现在开始的 30 年里，你穿什么鞋子不重要，你的发型怎样不重要，你买了什么样的牛仔裤不重要，重要的是你学会了什么和你怎样运用它。"这样的劝导如此接近生活实际，有利于引导下一代看清真正的个体价值所在。

第五，责任感培养有智慧。一项有长效作用的举措是让学生成为家长会的主要负责人。学校一年举行三次家长日活动，老师与每位家长单独会谈 15 分钟，会谈往往从下午三点半开始，到晚上八九点钟老师才能接待完最后一名家长，这样做的目的是保护学生的隐私。在这 15 分钟内，首先是让学生向家长介绍自己挑选整理好的各类学科书面作业，之后才是老师与家长的交流。可以说学生的介绍是家长会的关键环节，学生为了很好地展示自己，会在相当长的学期内自觉主动地付出努力,收集"证据",为自己的表现负责。

🌱 加拿大全接触

除了高密度的大脑充电外,研修活动也安排了轻松地了解加拿大风土人情的活动。我们参观了百年历史的多伦多大学(白求恩毕业于该大学的医学院),感受了美术馆雕塑的震撼……

在加拿大期间,英语真正成为我们日常生活、工作交流的工具。

(2012 年冬天,青岛市市南区首次委派了 20 位通过英语考试选拔出来的中小学英语老师赴加拿大多伦多进行了为期半个月的观摩考察,本篇是回国后我在全区做的汇报)

跨越空间的沟通与互促

2020 年 10 月下旬,新疆喀什地区麦盖提县因新冠疫情形势的需要,所有学校都采取了居家隔离、网络授课的教学组织形式。原计划的教研活动因此受到了影响,放弃抑或坚持不是问题,但如何坚持是无法回避的难题。

央塔克乡"乡际集体备课模式研究"如何推进

这项课题研究的提出是基于前期对该乡备课教案及课堂授课调研摸查中发现的不加修改地抄写教案以及套用课件的现象提出的,研究的目标是提高全乡教师备课的实用性和可操作性,做到真备课、精备课,同时也可以使老师从繁重的手写教案中解放出来,享受到教育信息化发展的便捷。这项课题研究的提出获得了该乡属 14 个学校及教学点的领导和老师的普遍认同和欢迎。"乡际集体备课模式研究"活动从二年级开始试行,语文学科全乡有 25 位二年级的老师参与进来。

在活动期间,建起了由包乡教研员和实验教师组成的 QQ 群。第一轮是实验老师按照计划提交教案和课件到群组里,教研员老师接收、查阅、点评,一对一地对老师提出具体的修改意见。第一轮主要针对的是教案模板的使用规范性以及教学环节设计的完整性,特别是对学生活动的设计部分出现的问题进行修改和补充。第二轮是实验老师将教案和课件打磨后再次提交,教研员老师再次验收并进行适当的补充,然后进一步对课件中出现的问题提出指导意见,实验老师按照各自存在的问题完善课件内容和制作。就这样,借助 QQ 群,顺利克服了居家造成的无法面对面研讨的空间局限,在两轮打磨中实验老师的教案设计、课件制作能力和水平发生了明显的转变。

勇于担当,以身示范。在这项课题研究中我以发展中心教研员和实验教师的双重身份参与其中,承担了部分课时备课的任务,亲历全过程,更能全面和及时地了解可能出现的问题和实验老师们的需求。我认真研读了所负责的课时部分的教材和教学参考用书,结合二年级学生的学习能力、兴趣和基础撰写了体现分层、合作、探究、生活化、学为主体等现代教育理念的较为翔实的课时教案,并制作了与之切合的课件。我把设计分享给了集体备课组的老师,形象、直观地为他们做出了示范,可喜的是在实验老师的作品中也看到了他们受到一些启发后理念更新的痕迹。

🌱 青蓝工程传帮带方案如何实施

隆重的青蓝工程师徒结对仪式启动之后,按照方案制订的各项重点工作本应该陆续展开和逐一落实,但仅一周多的时间就因居家隔离中断了。我的四个徒弟都是语文老师兼班主任,他们既要承担网课任务,又肩负跟踪管理学生居家学习生活和安全防疫职责,日常工作异常繁忙。作为师傅,我意识到在这种形势下对她们教学专业发展方面的指导和引领更需要适时和适度,既不增加过多的压力,又要保持沟通,实实在在帮助她们解决特殊教育时期可能遇到的新问题和新困难。

微信成为我跟四位青年教师联系的桥梁,一方面师徒互相加为好友,另一方面建了"五人同行"群,展开了日常化的交流、讨论和分享活动。

理解做铺垫,反思促成长

在交流中我发现老师在网课期间教育教学任务下都不同程度地感到疲惫和焦虑,对她们的理解和换位思考是有效沟通的铺垫和前提。于是在成立"五人同行"群之初我表达了这样的意愿:成立这个微信群是方便大家有问题随时提出来,大家一起想办法,一起来解决和改进,哪怕是小小的吐槽也完全可以,一切为了使我们的工作更顺利。她们看到这段话后陆续地很自然地敞开心扉、畅所欲言,互相交流进度,询问期末复习和考试的一些问题。

青年教师的成长离不开反思,如何培养反思意识,养成反思习惯,我在微信群里给她们提出了很具体的操作方式:留心观察学生在学习过程中的表现、反应、典型事件,简单记录下来,积累一手材料。欢迎大家把教学中的小发现、小心得在这个群里分享,教学案例、论文的撰写及微课题的研究就是建立在这些日常小事件上。于是一位老师就着重研究了班级里低分学生的不同表现,根据他们的表现将学生分成了三类:一类是不够勤奋,从来不写作业;第二类是上课注意力不集中,愣神、玩东西或讲话;第三类是不爱思考,照抄作业。针对第二类学生,老师在教学中融入了一些有趣的互动游戏,或者随时提醒他们上课注意听讲。这样老师通过发现问题,反思教学,调整教学行为,就会使教学方法更适合一些特定群体学生的学习特点和需求,学生也会因为老师的尝试而改变被动学习的状态。

把握教学质量生命线

学生的学业成绩是衡量教学质量的一项重要指标。每次月检后的考试分析可以帮助师生查找优势和不足,调整后面的教与学的安排和策略。11月份的月检恰逢期中检测,但是因为刚刚结束居家网课教学,老师没有足够的精力和时间做详尽的分析,我请仍然不能见面的四位徒弟老师把班里部分中等生的试卷拍照私信传给我,对特定学生群体的学业水平进行质性分析。然后我把分析的意见和结果又分别传给四位老师,罗列了卷面反映出的掌握比较好的内容以及掌握困难比较大的,并针对后者提出了建议。一位老师表达了对网课教学期间三个单元学生学习效果的顾虑,希望能给出高效快速地复习好这部分内容的方法。经过对有限的复习时间的权衡,我从课文、课后练习、习作三个方面提出了多读、精讲、选练、同主题整合的复习方法。

2020年12月4日,援疆教育发展中心召开包乡教研员会议,讨论复习阶段指导意见(图1)。

图1 2020年12月4日,援疆教育发展中心召开乡教研员会议

疫情居家网课教学阻断的是空间见面的机会,阻不断的是我们追求教学研究前进和发展的脚步。充分利用信息技术手段,在沟通互促的路上,我们与新疆的老师们一直携手同行。

麦盖提冬之煦

2020 年冬天,在新疆麦盖提县一年的援疆支教工作(图 1、图 2)完成了一半,回青岛过春节前有感而发,写下此文。

麦盖提冬之煦

还有十几天就要暂时别离麦盖提,回到海边,回到家乡
不是很美吗
为何隐隐的不舍,挥之不去

是碧空依然清透,不妨舒云漫卷
是大地太暖,空中飘落的雪花降下转瞬不见
抑或无风拂过,树叶枯黄,仍密密层层,流连不落

是灰枣的丰收伴着农家脸上的喜悦
是悠闲咀嚼的刀郎羊群脚下黝黑的泥土、红褐色的草场
抑或滋滋蹿油的串肉,冒着葱香的坑馕

仍蜿蜒不断的叶尔羌河,河滩上岁月斧凿的卵石
落霞淡抹的胡杨,伴着芦苇柔柔摇曳
霜露打过的海棠,红了脸,绵了果,等着采撷,细细地尝

校园堆积的雪人,像维吾尔族孩子的可爱模样
课堂上辛勤耕耘的老师,心底是何等殷切盼望
分享智慧,献出力量的支教老师,与本土的同行亲密如家人一样

麦盖提冬之煦,在天,在身,在心
告别的脚步,所以不舍

如此麦盖提，归来时

当踏实欢畅，轻道一声，别来无恙

图 1　援疆教师研讨录像课赛课评价标准

图 2　麦盖提毗邻沙漠，罕见下雪，有创意的学生们开心地站在自己堆的雪人旁

西行记
—— 我的援疆故事

　　我是英语老师,支教的喀什地区麦盖提县90%的人口是维吾尔族,2017年之前用的教材都是维吾尔语,使用人教版教材后,因为缺少给维吾尔族老师培训汉语和新教材的教研员,所以我既当英语教研员,还兼任语文教研员,这种跨界是个挑战。幸运的是,20世纪90年代我教过语文和数学,所以承担跨学科教研没有太措手不及,以往丰富的工作经历就是一根金箍棒。

　　援疆故事千章百回,下面简要讲讲五个章节。

🌱 第一章:想实干,先摸底

　　按照山东省援疆指挥部分工,我跟三名日照的教师被任命为央塔克乡(简称三乡)教研员。麦盖提全县有九个乡,三乡面积最大,是山东援疆重点项目。我能从70多名来自省内的援疆教师中被挑选出来到三乡,是上级对我的信任,更是对青岛市,特别是市南教育的极大信任。一个月内,我踏遍乡内14所学校、教学点,走进校园,走近每个师生(图1、图2),撰写了调研报告和图文信息。

图1　跟麦盖提第一集团语文教师集备朗读教学　　图2　支教学校的孩子们享受学习的过程

🌱 第二章:立课题,解困境

　　针对维吾尔族老师汉语水平有限、疲于抄写教案、课件不实用、备教不一致的问题,我提出了"乡际集体备课模式研究"课题,以二年级语文为试点组织26位教师分工协作,两周内完成了全册书的电子备课和课件,将老师从繁重无效的抄写中解放出来,享受教育信息化的便捷,达到了真备课、精备课的效果。

第三章:助成长,留队伍

"青蓝工程"师徒结对中我带了四个徒弟,用"四化"护航青年教师成长:备课打磨精细化、课堂指导精准化、沟通交流日常化、反思教学个性化,为三乡培养了一支带不走的人才队伍。

第四章:及所需,倾师爱

因为没有足够的英语师资,有些学校到五年级还没有上英语课。我为他们量身设计了英语启蒙课,把生活中的元素融合进来,使学生的英语兴趣瞬间激发;为学习有困难的学生专设了绿洲小课堂,使他们得到启迪后顿悟的快乐。

第五章:心向党,书连心

2021年寒假,金门路小学的杨红校长和吴伟主任从我的阶段汇报中了解到新疆那边缺少儿童读物的情况,决定在语文节期间开展"青疆手拉手,好书共分享"活动。五年级三班班主任郑书画老师和六年级六班曾庆元老师发动家委会,克服了两地相距远、邮寄费用高等困难,将同学们读过的好书寄给了三乡两个班级,书上还写下了分享的理由、心得、祝愿的话语,并留下了联系方式,以便后续"手拉手"小伙伴进一步交流。视频连线两地课堂,同学们进行了友好的对话。

麦盖提县是沙漠之城、胡杨之乡,在干旱和沙尘中,这里的援疆教师像胡杨一样坚韧不拔,牢记援疆使命,奉献教育智慧,仰望蓝天,向上向远。